Kaya Yanar

Das ist hier aber nicht so wie in Deutschland!

Kaya Yanar

Das ist hier aber nicht so wie in Deutschland!

Mit Cartoons von Zwen Keller

orell füssli Verlag

Orell Füssli Verlag, www.ofv.ch
© 2019 Orell Füssli Sicherheitsdruck AG, Zürich
Alle Rechte vorbehalten

Umschlaggestaltung: Hauptmann & Kompanie Werbeagentur, Zürich
Umschlagfoto: © Nadine Dilly/Oberhausen
Druck und Bindung: CPI books GmbH, Leck

ISBN 978-3-280-05699-8

———

Die Deutsche Nationalbibliothek verzeichnet diese Publikation in der Deutschen Nationalbibliografie; detaillierte bibliografische Daten sind im Internet unter www.dnb.de abrufbar.

Inhaltsverzeichnis

In Gedenken und liebevoller Erinnerung an meinen Schwiegervater Max, der die Welt, das Reisen und das Lachen so sehr liebte.

Wir vermissen dich und nehmen dich auf all unseren Reisen im Herzen mit, sodass du durch unsere Augen die Welt weiter miterleben darfst.

Meine kleine Einleitung

Frau Yanar:»Um was soll es in diesem Buch denn gehen, Kaya?!«

Kaya Yanar:»Keine Ahnung. Ich habe einfach den Buch-Vertrag unterschrieben, ohne ihn zu lesen. Aber ich wollte schon immer einen zweiten Bestseller schreiben!«

»Toll Kaya, die Abgabe des Manuskriptes ist aber bereits in drei Wochen, also halt dich ran. Der Titel soll lauten: ›Das ist hier aber nicht so wie in Deutschland!‹«

»Ja, das passt doch! Ich vergleiche sehr gerne andere Länder und Kulturen mit Deutschland.«

»Fühlst du dich denn deutsch?«

»Die Frage stellen mir Reporter seit knapp 20 Jahren und ich kann sie nicht mehr hören! ›Herr Yanar, fühlen Sie sich deutsch oder türkisch?‹ Ich fühl mich vor allem bekloppt. Mit allen Bekloppten auf der Welt könnte man auch eine Nation gründen.«

Frau Yanar:»Im Pass stünde dann: Nationalität: Bekloppt!«

Kaya:»Aber mal im Ernst. Wachst du morgens auf und denkst, ach, fühl' ich mich schweizerisch?«

»Nö, ich denke bis 11 Uhr gar nichts und dann ans Essen.«

»Siehst du! Ich bin halt verwirrt durch und durch. Ich hatte einen Vater, der mich zur Schulzeit zu den Protestanten und meinen Bruder zu den Katholiken schickte. Er wurde von unserer Schule gefragt, kannte beide Religionen nicht und sagte zu uns: ›Kaya, du gehst zu Evangolisch. Erkan, du gehst Kathelisch. Wenn euch niischt gefällt, ihr tauscht, okay?‹«

Meine Religionslehrerin wusste, dass ich einen Bruder hatte, und fragte ganz verwirrt:»Aber wo ist denn dein Bruder Kaya?«»Ach, wissen Sie, der ist bei den Katholiken. Vielleicht tauschen wir im nächsten Jahr«, antwortete ich damals fröhlich und herrlich naiv. Ich hatte keine Ahnung, wie absurd diese ganze Geschichte war. Erst viel später realisierte ich, dass ich durch meinen speziellen Vater total unkonventionell aufgewachsen bin. Zum Glück hat das Deutschland alles mit Humor angenommen.

Frau Yanar:»Gibt es noch eine andere Frage, die du nicht mehr hören kannst?«

»Ja!!!«

Frau Yanar: »Und die wäre?«

»Sprichst du wirklich kein Türkisch? Dieses Buch soll diese Frage endlich klären und dann ist die Sache hoffentlich vom Tisch.«

»Kannst du denn Türkisch?«

»Weißt du, der Grund, warum ich die Türken und die Deutschen so gut verstehe, ist, dass ich mich in beide hineindenken kann. Ich bin als Deutscher aufgewachsen, denke sehr oft deutsch und verstehe deutsche Werte, Gefühle, Hoffnungen und Ängste. Meine Eltern sind Türken. Ich kenne also auch ihre Hoffnungen, Werte, Ängste, Gefühle und Wünsche. Wenn ich Türkisch höre, dann verstehe ich davon genauso viel wie ein Deutscher, nämlich nichts! Insofern reagiere ich wie ein Deutscher, ich grinse. Weil Türkisch in deutschen Ohren nun mal lustig klingt. Weißt du wieso?«

»Wegen einem gewissen Buchstaben.«

»Richtig! Das ›Ü‹. Das habe ich übrigens nie verstanden. Diesen Buchstaben gibt es doch auch in der deutschen Sprache, aber da lacht keiner drüber ...«

»Warum kannst du denn nun kein Türkisch?«

»Das erfährst du später im Buch ...«

Bevor Sie, liebe Leserinnen und Leser, nun in die Tiefen und hoffentlich auch Untiefen (die Bedeutung davon lasse ich an dieser Stelle mal offen) dieses Buches versinken, wollte ich vorweg ein paar Dinge mit Ihnen besprechen. Vielleicht scheint es für ein paar Menschen komisch zu wirken, dass gerade ein Deutschtürke Vergleiche zwischen Deutschland und anderen Ländern zieht. Da Sie das Buch aber offensichtlich schon in den Händen halten, können Sie dem nicht ganz so abgeneigt sein. Sie zeigen Interesse an einer gewissen Sichtweise auf Deutschland und die ganze Welt.

Ich bin durch die Entscheidung meiner Eltern auszuwandern in Deutschland geboren und setzte mich schon sehr früh mit den Eigenheiten, Qualitäten und vielleicht auch Besonderheiten meiner deutschen Freunde, Lehrer, Mitarbeiter und später auch Fans auseinander. Das Witzige dabei war, ich hatte diese Dinge selber in mir, denn als Kind saugt man seine Umgebung förmlich auf, passt sich an und dies meistens ganz unbewusst. Zu Hause hatte ich aber gleichzeitig einen verwirrten Papa, dem ich die Dinge erklären musste. Er zwang mich, das Leben in Deutschland zu hinterfragen und zu verstehen. Wie Sie in dem Buch bemerken werden, war meine Erziehung, trotz eines nach Außen typisch türkisch wirkenden Vaters, dennoch unkonventionell. Und meine durchgeknallte Familie war der beste Nährboden für meinen späteren Beruf als Ethnokomiker.

Neben meiner jahrzehntelangen Feldforschung habe ich aber auch schon immer gerne historische Hintergründe über Deutschland nachgelesen. Denn während Geschichte vieles in der Gegenwart erklärt, kann sie aber auch vieles relativieren oder sogar ins Lächerliche ziehen, was mir persönlich natürlich gefällt.

Um den Ursprung des heutigen Deutschlands zu verstehen, muss man sich mit den frühen Germanen auseinandersetzen. Lustigerweise wussten die Germanen damals selber nicht, dass sie Germanen waren. Die Germanen sind noch nicht mal ein germanischer Begriff, sondern ein römischer. Julius Cäsar höchstpersönlich (also so erzählt man sich das zumindest) traf das erste Mal auf die Germanen und wollte ganz genau wissen, was das für ein Schlag Mensch vor ihm war. Mit Stolz nach vorn gedrückter Brust und gespielt gelangweiltem Blick sagte er:
»Ciao! …ee… Salve!« (Den italienischen Akzent müssen Sie sich jetzt beim Lesen schon selber vorstellen) »Mein Name ist Gaius Julius Cäsar, Imperator von di Römise Reiche. Wer stehte vor mir?«
»Hä?«
»Welche Stamm ihr gehört an, äh?«
»Uh? Was? Lamm? Ja, ich fresse gerne Lamm!«
»Non capisco, eh?«, sagte Cäsar zu einem Legionär und fügte hinzu: »Äh… ihr habte keine Name oder was? Aber euer Land isse sehr schöne! Überall Baume und Geranien.«
»Was? Germanien?«
»Geranien! Ich meine die Blume, du Hirn.«

»Germanien?«

»Ecco, ihr habt hier Baume und Germanien. Ich nenne euch Germanen. Aber warum lauft ihr rum mit di freie Oberkörper? Ihr seid Barbaren!!!«

Ja, das waren sie. Die Deutschen waren früher Barbaren, und die Römer die Zivilisierten. Heute ist es umgekehrt! Kleiner Scherz. Die Italiener haben natürlich heute noch Stil. Es gibt kein Volk, was so lässig auf einer Vespa sitzen, essen, schmusen und noch viel mehr machen kann. Die Germanen waren aber wirklich Barbaren, sogar ziemlich unzivilisierte Wilde, ohne Staat und Gesetz, Analphabeten, die brüllend mit nacktem Oberkörper in den Kampf zogen. Wenn man genau hinschaut, gibt es die heute noch: beim Kampftrinken am Ballermann.

Was auch noch bemerkenswert an den Germanen war: Sie waren eine Ansammlung verschiedener Stämme. Also genau genommen eigentlich eine ziemlich zusammengewürfelte Truppe. Franken, Burgunder, Wandalen, Langobarden, Ostgoten, die aus dem Osten kamen, die Westgoten aus dem Westen. Als sich die Goten vermischten, nannte man sie Ost-West-Goten oder Südwest-Goten aus östlicher Richtung. Ziemlich simpel. Doch leider sind die Stämme heute nicht mehr da. Wobei das nicht ganz stimmt. Der einzige germanische Stamm, den es heute noch namentlich gibt, sind – Sie glauben es nicht – die Sachsen. Unglaublich, aber wahr! Stellen Sie sich mal eine Unterhaltung zwischen einem Sachsen und Cäsar vor:

»Salve, meine Name ise Julius Cäsar, wer seid ihr?«

»Güdn Toag, isch bün der Paul, des is mein Mitarbeiter, der Hans, und wir sind die Sachsen.«

»Ihr spreche mit die seltsame Zunge, Paolo. Was wünscht ihr? Krieg oder Frieden?!«

»Krieg. Aber 'nen kalten, wenn's geht.«

Die Germanen geben uns also keine richtige Antwort auf die Frage: Was ist eigentlich Deutsch? Die Frage ist deswegen schwierig, weil: Es gab »den« Germanen auch nicht. Außerdem wurden viele Germanen ins Römische Reich integriert. Ja, quasi als Gastarbeiter ..., aber wieso müssen wir auch immer nach dem einen Ursprung irgendeines Landes suchen, denn was danach kam, war sowieso viel entscheidender.

Die Menschen dieser Welt haben sich schon immer gerne gemischt und sie werden es auch weiterhin tun. Denken Sie an die Völkerwanderung. Das Mischen kann man nicht verhindern, auch wenn das einige Leute gerne tun würden. Aus Türken und Deutschen werden Turkogermanen oder Teutotürken. Aus Italienern und Jamaikanern werden Pastafaries. Chinesen-Dänen: Chinänen, Griechen-Phillipinos: Grillipinos, Russen-Deutsche: Rutschen und aus Kanadier-Türken: Kanaken.

Also lassen Sie sich nun auf eine Sichtweise auf die Welt ein, die deutsch und doch multikulturell, vor allem aber bekloppt ist. Viel Spaß.

Wie soll man denn hier in Ruhe Wurzeln schlagen können?

Es gab in meinem Leben zwei Faktoren, die mir das eigentlich sehr schöne Heimatgefühl in Deutschland erschwert haben. Der erste Faktor war ganz klar mein Vater und seine speziellen Erziehungsmethoden. Paps war die überhaupt beste Inspiration für Ethno-Comedy und ist wohl maßgebend verantwortlich für meine heutige Karriere. Aber damit wir uns richtig verstehen: Er ist dafür total ungewollt verantwortlich. Meine Eltern wollten, dass ich Arzt werde, vielleicht hätten sie sich auch mit Anwalt zufriedengegeben, aber ein Komiker, der sich über sie lustig macht? Da ist der Schuss wohl nach hinten los …

Der zweite Faktor war meine plötzliche Bekanntheit in Deutschland durch die Sendung »Was guckst du?!«. Die Sendung ging damals nämlich über Nacht durch die Decke und ich konnte von einem zum anderen Tag nicht mehr in Ruhe den kurzen Weg von meiner Produktionswohnung zum TV-Studio laufen, ohne mindestens zweimal den »Hakan« und dreimal den »Ranjid« für Passanten spielen zu müssen. Doch lassen Sie mich kurz über die Zeit vor meinem Durchbruch sprechen, meine Kindheit erklärt nämlich so einiges.

Wenn ich nach meiner Kindheit gefragt werde und ich nach einer Zeit der Geborgenheit suche, erzähle ich immer von meinen ersten zwölf Lebensjahren. Da lebte ich nämlich in einem kleineren Vorort von Frankfurt und verbrachte jede freie Minute im nahe gelegenen Wald.

Doch als wir danach in die Stadt Frankfurt zogen, konnte ich mich mit meiner Umgebung nicht mehr wirklich anfreunden und das einstige Heimatgefühl wurde überwiegend vom Lärm der Großstadt verdrängt. Aufgewachsen in einem idyllischen Vorort, wo es ruhig, sauber und grün war, und dann das: Der Umzug in eine lärmende, stinkende Großstadt.

Dennoch, die Leute waren sehr gut zu mir. Besonders an die Lehrer im Gymnasium kann ich mich noch erinnern. Sie waren nämlich immer sehr wohlwollend und unterstützend. Dass mein Bruder und ich damals die einzigen türkischen Kinder am Gymnasium waren, spielte keine Rolle für sie.

Wir hatten es also eigentlich gut in Deutschland und ich hätte mich zurücklehnen, entspannen und ein normales Kind sein können. Aber mein Vater machte es mir da nicht unbedingt leicht. Das lag unter anderem daran, dass mein Vater einen Lieblingsspruch hatte, mit dem er mich und meinen Bruder immer wieder manipulieren konnte: »Wenn du das (Hausaufgaben, Aufräumen, Schule, Abitur etc.) nicht machst, dann schmeißen sie dich raus aus Deutschland und du musst zurück in die Türkei!«

Damit jagte er mir vor allem als kleines Kind eine gewaltige Angst ein, denn ich wollte auf keinen Fall von Deutschland weg. Mir gefiel es hier doch so gut! Das eigentlich Tragische daran: Er wollte mir bewusst Angst einjagen, damit ich mich benehme. Ein Kind kann sich aber nur begrenzt beheimatet fühlen, wenn es in der Angst lebt, jeden Moment rausgeschmissen zu werden. Pädagogen schlagen bei den Methoden meines Vaters wahrscheinlich theatralisch die Hände vor dem Gesicht zusammen. Ich wäre aber kein Komiker, wenn ich an der erziehungstechnischen Tragödie nicht auch was Lustiges gefunden hätte. Mein Vater war nämlich sein ganzes Leben unfreiwillig komisch. Zu meinem großen Glück konnte er seine Drohungen immer nur mit einem lustigen türkischen Akzent aussprechen. Je älter ich wurde, umso lustiger fand ich seine Ansagen und konnte mehr und mehr darüber lachen. Für meinen Vater, der eigentlich autoritär sein wollte, war das ein richtiges Dilemma. Aber man kann nun mal nicht autoritär wirken, wenn man die Sprache nicht beherrscht. Er sagte also nicht: »Mein Sohn, benimm dich regelkonform oder du musst dieses Land sofort verlassen und in die Türkei ziehen, wo du keinen kennst«, sondern eher etwas wie: »Die schmeißen dich über Grenze, du Arschkopf! Dann sitzt du in Pfanne!«

Ja, lachen Sie ruhig. Die Pfanne ersetzt hier aus irgendeinem Grund die Patsche.

So sehr ich später drüber lachen konnte, als kleines Kind war das schon noch angsteinflößend. Er grenzte mich dabei emotional von den deutschen Kindern ab und trübte damit mein Heimatgefühl. Vielleicht denken Sie jetzt aber auch:»Klar, Kaya Yanar ist ja auch Türke, weshalb sich nur die Türkei wie Heimat für ihn anfühlen kann!«

Das stimmt aber nicht. Ich bin in Deutschland aufgewachsen und fühle mich dann doch viel mehr deutsch als türkisch, müsste ich mich entscheiden. Das finde ich bis heute komisch und befremdlich zugleich, denn meine Herkunft ist nicht zu leugnen, schon alleine, wenn ich mich morgens im Spiegel betrachte. Ich sehe einfach südländisch aus. Braune Augen, die Nase markant. Die schwarzen Haare auf dem Kopf fallen aus und wachsen an Stellen weiter, wo ich sie überhaupt nicht gebrauchen kann. Ich habe eben so ein Ausländergesicht. Egal in welches Land ich reise, ich werde in der Landessprache angesprochen. Außer in Schweden. Aber im Mittelmeerraum halten mich die Spanier, Italiener, Griechen oder Türken für ihresgleichen. Passtechnisch gesehen war ich auch lange Jahre ein Türke. Dann bekam ich irgendwann den deutschen Pass und plötzlich fing ein neues Leben an! Der Pass selbst bedeutet mir nicht viel, ist halt ein Stück Papier, was nichts über mich aussagt. Praktisch gesehen, kann ein Pass das Leben aber ungemein erleichtern oder erschweren. Im Falle des deutschen Passes aber kann man von einer immensen Erleichterung sprechen.

Manchmal frage ich mich, ob Leute wissen, wie gut sie es mit ihrem EU- oder Schweizer Pass haben. International anerkannt, jeder möchte solche Touristen in seinem Land haben. Die Türken lieben Touristen aus der EU. Wenn die Türkei schon nicht in die EU kommt, dann kommt der Euro wenigstens in die Türkei. Mit einem EU-Pass braucht man für fast kein Land ein Visum. Und mit dem türkischen Pass? Für fast jedes Land ein Visum. Ohne Visum kommt man noch nicht mal ins Fantasialand.

Meinen türkischen Pass musste ich damals alle vier Jahre auf dem Konsulat verlängern. Um sieben Uhr morgens stand ich mit vielen Landsleuten vor dem Konsulatseingang in Frankfurt und wir froren uns die Zehen ab. Neben dem Konsulatsgebäude war eine kleine Hütte, in der ein kleiner Mann saß, der dir durch ein noch kleineres

Fenster ein winziges Ticket mit einer noch winzigeren Nummer gab. Man musste sich wirklich bücken und klein machen, um mit dem Typen zu reden:

»Merhaba Nasilsiniz? Gibst du ein Nummer bitte ... und auch gleich die Nummer vom Orthopäden, mein Rücken ist kaputt.«

Bevor du überhaupt ins Konsulat reinkamst, war da ein Sicherheits-Check mit Metalldetektor, eben wie am Flughafen. Ich musste alle metallischen Gegenstände abgeben: Schlüssel, Handy, Messer, Pistole ... sorry, was sag ich denn da, aber das war ja in Frankfurt. Im Konsulat ist die Stimmung gedrückt. Die Leute sind nervös. Wird der Pass verlängert oder nicht? Wenn er nicht verlängert wurde, musste man Deutschland verlassen. Was für mich fatal gewesen wäre, weil: Ich konnte ja kaum Türkisch! Neben mir saß ein Landsmann und merkte mir meine Unruhe an.

»Ey, du, siehst du nervös aus. Ich erzähle dir ein Witz. Was zahlt ein Deutscher für einen Döner?«

»Keine Ahnung?«

»Zwei Mark mehr! HAHAHAHA!«

Meine Nummer wurde angezeigt. Ich ging in ein Bürozimmer und der Beamte sagte etwas in Türkisch, was ich nicht verstand. Ungläubig schaute er mich an und wiederholte seinen türkischen Satz. Ich wurde immer nervöser, wollte keinen Fehler machen. Ich machte einen Schritt vor, zwei zurück. Was hieß »Lütfen« noch mal? »Sofort«? »Bitte«? Mist, ich versaue es gerade. Der Beamte wird immer verdutzter, denn er kommt natürlich nicht drauf, dass ich kein Türkisch kann. Er sieht ja vor sich einen Türken mit einem türkischen Pass in einem türkischen Konsulat. Er denkt: »Der arme Mann ist schwerhörig!« Folglich schreit er mich auf Türkisch an, ich fange an zu schwitzen und zu jammern:

»Bitte schreien Sie mich nicht an, ich kann kein Türkisch!«, schluchze ich.

»Wie bitte?«

»Ich kann kein Türkisch, es tut mir leid!«

Er nimmt ungläubig meinen Pass.

17

»Aber das ist türkische Pass. Kaya Yanar ist türkische Name, du siehst aus wie Türke ... und du kannst kein Türkisch?!«

»Nein!«

»Warum?«

»Ich hatte Latein!«

Der arme Mann schaut nur ungläubig.

»Aber ich sehe«, fahre ich rasch fort, »Sie können sehr gut Deutsch. Dann machen wir es uns doch nicht so schwer. Ich bin hier, um meinen türkischen Pass abzugeben, um danach den deutschen zu bekommen. Was muss ich noch tun, um den deutschen Pass zu bekommen?«

»Ganz einfach ...« sagte er trocken. »Zahlst du zwei Mark mehr ...«

Meine Eltern gingen mit uns zwar jedes Jahr über die Sommerferien in die Türkei. Als Kind war das für mich aber immer ein Ausflug in die Fremde, da meine Eltern das ganze restliche Jahr in Deutschland kein Türkisch mit mir und meinem Bruder sprechen wollten. Also meine Mutter an sich schon, aber mein Vater verbot es ihr. Er weigerte sich schlichtweg! Er dachte wohl, er würde uns dadurch die Integration erleichtern, da wir uns so nur auf eine Sprache konzentrieren müssten. Ob meine Eltern damit recht hatten, ist aus heutiger Sicht natürlich fraglich, was ich aber sicher weiß, für meine Beziehung zur Türkei war dies ein wahrer »Deal-Breaker«. Denn wenn man weder Sprache noch Kultur versteht, dann ist man fremd, obwohl man im Körper eines Türken steckt. Da nutzen die Haare auf den Füßen auch nix.

So saß ich nämlich jeden Sommer mit meinem Bruder in der unglaublich heißen Süd-Türkei und konnte meine Verwandten nicht verstehen. Und auch wenn ich in meiner kindlichen Euphorie versuchte, innert eines Monats etwas Türkisch von meinen Verwandten zu lernen, zurück in Deutschland verlor ich den kleinen und hart verdienten Wortschatz in der Regel gleich wieder. Damals war die Türkei so was wie ein kleiner Kulturschock für mich, alles schien so anders als in Deutschland. Nicht nur die Sprache, auch die Gerüche, die Luft, das Essen und die Geräusche.

Nach einer 40-stündigen Autofahrt von Frankfurt in den türkischen Heimatort meiner Mutter schob sie mich sehr gerne sofort in die Arme meiner Verwandten und sagte dabei:»Schau hier, deine Tante, sag hallo anständig jetzt!«

Daraufhin kniff mich die Tante mit ihrer Hand in die eine, küsste mich gleichzeitig auf die andere Wange und sagte mit Tränen in den Augen und einem Lachen um den Mund ... Ähm... ja ... was sagte sie denn? Ehrlich gesagt, keine Ahnung. Absurd, oder? Vielleicht sagte sie was wie:»Ach, bist du groß geworden« oder»Ach, was habe ich dich vermisst«; wissen tu ich es bis heute nicht. Schade, denn meine Verwandten sind alle sehr nett und liebenswürdig.

Mein Vater wollte aber, dass ich mich auf Deutschland und meine Zukunft dort fokussierte. Und so hielt er die Türkei, abgesehen von dem jährlichen Besuch, weit weg von mir. Ironischerweise sprachen meine Eltern selber aber immer nur ein gebrochenes Deutsch mit starkem türkischen Akzent, wodurch die Grundsteine für meine späteren Witze über Sprachbarrieren und Akzente schon früh gelegt wurden. Ich erlebte sie nämlich jeden Tag am eigenen Leib. Was also gut für meine spätere Karriere war, entfernte mich schon früh vom Land meiner Eltern, deren Sprache und Religion.

Religion war, wie anfangs erwähnt, auch eine lustige Sache bei uns. Bei der Einschulung wusste mein Vater wirklich nichts Besseres, als mich und meinen Bruder in unterschiedliche Religionen zu stecken. Und so lebte ich in einer Familie, bei der ich selbst Protestant, mein Bruder hingegen Katholik, meine Mutter Muslima und meinem Vater alles egal war.

Als plötzlicher Protestant über Nacht hörte ich im Unterricht interessiert zu, später habe ich aber natürlich vieles hinterfragt. Denn Religion hat in meinen Augen die Welt immer mehr getrennt als vereint. Und bin ich nicht das beste Beispiel dafür, dass es absoluter Zufall ist, welcher Religion ein Kind angehört? Schließlich hätte mein Vater auch zu mir sagen können:»Kaya, du gehst kathelisch!« Wäre ich dann wirklich so anders geworden?

Auch die Germanen waren übrigens eigentlich keine Christen, sondern haben das Christentum von den Römern übernommen. Wir haben es also Cäsar zu verdanken, dass wir Weihnachten feiern. Man wurde einfach christianisiert. Wobei ich mich frage, wie das wohl damals abgelaufen ist.

»Finito, ihre Barbaren-Germanen, ab heute seid ihr Katholiken. Capito?«, sprach der römische Priester.

»Uh?«

»Schluss mit dem Anbeten von Bäumen und Sümpfen, euer Messias ist Jesus Christus.«

»Warum dürfen wir nicht mehr Odin anbeten?«

»Pffff... Eure Religion ist primitiv und unwahr. Odin erschlug einen Riesen und formte daraus die Welt? Pah, was für ein Blödsinn.«

»Und wie entstand bei euch die Welt?«

»Gott erschuf sie in sieben Tagen! Cool, eh?«

»Warum esst ihr Eier an Ostern?«

»Nun, äh, es geht um Wiederauferstehung und Fruchtbarkeit. Eier sind ein Symbol der Fruchtbarkeit?«

»Und warum bringt die der Osterhase?«

»Pass auf, wollt ihr nun freiwillig Christen werden oder sollen wir euch dabei helfen?«

Es gibt fünf Weltreligionen und jede behauptet von sich, die Wahrheit gefunden zu haben. Wie soll es da zu einer friedlichen Lösung kommen? Persönlich bin ich mir ziemlich sicher, dass auch die frommsten und gläubigsten Leute kurz vor dem Abnippeln denken:

»Scheiße, hoffentlich begegnet mir jetzt wirklich gleich Petrus und lässt mich rein ... Oh Gott, was aber, wenn gleich dieser indische Gott Ganesha auftaucht, der vor der Tür meines Nachbars stand, der kennt mich doch nicht!!«

Schließlich ist noch nie einer zurückgekommen und hat uns wirklich gesagt, was auf der anderen Seite abgeht. Das trifft vor allem auf all die Leute zu, die Ihnen sagen wollen, was nach dem Tod passiert. Daher bin ich eher für eine Weltanschauung, die andere einbezieht und nicht ausschließt. Und das haben die Religionen, meiner Meinung nach, leider nicht wirklich gut drauf.

Egal, wie oft mein Vater in Sachen Erziehung falsch lag, immerhin schrieb er keinem von uns eine Religion vor. Ich wünschte nur, er hätte mich etwas entspannen und Kind sein lassen. Später habe ich realisiert, dass er seine eigene Angst, in Deutschland zu scheitern, auf uns Kinder projizierte. In seinem Alter war es natürlich viel schwerer, sich im neuen Land zurechtzufinden. Für uns Kinder war es an sich aber ganz einfach.

Nach dem Abitur und vor meinem Künstler-Durchbruch war ich ein junger ignoranter Kerl, der eigentlich von nichts eine Ahnung hatte, aber trotzdem selbstbewusst und auch ziemlich frech durch die Welt lief. Damit mein Vater zufrieden war, hatte ich mich nach dem Abitur an der Uni eingeschrieben. Die Vorlesungen tatsächlich zu besuchen und wirklich zu studieren, kam mir aber nicht in den Sinn. Viel mehr stürzte ich mich auf alle möglichen Jobs, wie Nachtwächter oder Verkäufer von Computerspielen, bis ich schließlich irgendwann auf den kleinen Bühnen Deutschlands landete und das Publikum mit frechen Sprüchen und meiner Mimik unterhalten durfte.

Ja, ich war einmal Nachtwächter auf der Frankfurter Messe. Viele fragen mich, ob dieser Job nicht unglaublich langweilig für mich war. Aber ich gebe allen immer meine ganz ehrliche Antwort und sage es jetzt auch Ihnen: Wenn Sie wüssten … Nachtwächter war damals definitiv der beste Job überhaupt. Kein Boss in der Nähe und die ganze Nacht mit dem Gameboy am Zocken. Herrlich war das!!! Auch cool war, dass nach dem Ende einer Messe (Buchmesse, Automobilausstellung etc.) die meisten Aussteller keine Lust hatten, ihr Zeugs wieder mit nach Hause zu nehmen. So landete alles in riesigen Müllcontainern.

Und jetzt raten Sie mal, wer da als Erster ran durfte? Genau! Mein Jugendzimmer sah bald selbst aus wie ein Messestand! Nach meinem Durchbruch als Comedian hängte ich dann aber doch meine Nachtwächter-Karriere an den Nagel und landete schließlich durch meine erste eigene TV-Sendung in Köln und ließ Frankfurt hinter mir.

Obwohl ich rund 120 Folgen dieser Sendung gedreht habe und davon alle in Köln, war der Beginn dieser Sendung auch der Beginn eines ziemlich rastlosen Lebens. Dies zeigte sich in einem ständigen Wechseln meiner Wohnadresse in der Stadt selbst. Irgendwie konnte ich keine Wohnung finden, die mir ein Heimatgefühl vermittelte. In wie vielen Wohnungen ich in Köln gelebt habe, kann ich selber nicht mehr sagen, aber ich hielt es kaum länger als ein Jahr an einem Ort aus. Wenn es keinen Fluglärm gab, störte mich die Straße, der Kirchturm, die Schule neben dem Haus, der Hund des Nachbarn, das Baby des Nachbarn, die Kochgewürze des Nachbarn, die Soundanlage des Nachbarn oder der Nachbar per se ... Sie sehen, ich könnte ewig so weitermachen. Je erfolgreicher ich im Beruf wurde, umso sensibler wurde ich, was meine private Umgebung betraf. Ich hielt mich bald für einen wurzellosen Typen. Und so fing ich an zu reisen.

Die ersten Reisen waren für mich wahrhaftig das Tor zu einer neuen Welt. Ich weiß schon, das Thema ist alt und keiner spricht gerne darüber. Aber Migrationskind zu sein ist echt nicht das Angenehmste. Müsste ich einen Vorteil aufzählen, den man als Migrationskind hat, dann sicherlich, dass es zweisprachig aufwachsen kann. Na ja, dies fiel bei mir ja schon mal ins Wasser, außer Sie zählen das lustige Deutsch meiner Eltern als separate Sprache.

Das Einzige, was mein Vater immer auf Türkisch machte, war, mich und meinen Bruder zu beleidigen, wenn wir was verbockt hatten. So rannte er hinter mir her und schrie: »HAYVAN!!!«

Die Körpersprache und Mimik meines Vaters signalisierten mir, dass dies eine Beleidigung war, aber ich fand doch immer auch, dass es einfach ein schönes Wort war. Klang irgendwie wie das Nachbarland von Taiwan. Ich kannte lange Zeit seine Bedeutung nicht und wollte sie eigentlich auch nicht wissen. Doch als ich meine Mutter schließlich doch irgendwann fragte, sagte sie nur: »So was sagt man nicht, Junge!«

Dank Internet habe ich später erfahren, dass Hayvan »Vieh« bedeutet.

Wenn ich zur Abendessenszeit nicht nach Hause kommen wollte und vor dem Haus noch mit den anderen Kindern auf dem Spielplatz war, schleuderte mir mein Vater oft ein wütendes »Esolesek« entgegen und holte mich energisch ins Haus. Dies bedeutet übersetzt »Sohn eines Esels« ... Da wünsche ich mir, dass ich die Übersetzung früher erfahren hätte, denn es hätte mir einige Lacher beschert.

Abgesehen von der Sprachbarriere zwischen meinen eigenen Eltern und mir war mein Leben geprägt durch klassische Probleme von Eltern, die sich in einem fremden Land zurechtfanden, hart arbeiteten und wollten, dass ihre Kinder eine gute Ausbildung bekommen. Die Ziele und Werte waren simpel. Lerne viel in der Schule, damit du später einen guten Job bekommst und ein besseres Leben hast. Den Luxus, in fremde Länder zu reisen, gab es damals für uns nicht. Wenn, reisten wir fast ausschließlich in die Türkei. Ich dachte als Kind eine Zeit lang tatsächlich, es gäbe nur zwei Länder auf der Welt: Deutschland und die Türkei. Und Hayvan. Abgesehen davon wäre das Reisen mit dem türkischen Pass visumstechnisch, wie bereits erwähnt, ein sehr aufwendiges Unterfangen gewesen. Mit dem türkischen Pass braucht man für jedes Land ein Visum: Deutschland, Griechenland, Fantasialand ... Sogar innerhalb des Europaparks in Rust kann man ohne Visum nicht in den griechischen Teil rüberlaufen – ;-)

Als ich dann aber etwas Geld und den deutschen Pass hatte, sowie auch die Zeit dafür fand, gab's für mich fast kein Halten mehr. Neben Reisen in die USA, Australien, Irland und Kanada verschlug es mich schließlich auch in die Schweiz. Die Schweiz war im Vergleich zu den anderen Ländern nicht ganz neu für mich, denn mein Vater hatte einen Bruder, der aus der Türkei in die Schweiz ausgewandert war und dort mit seiner deutschen Frau (wie lustig ist das eigentlich?) drei Söhne aufzog. So lagen früher neben unseren obligatorischen Besuchen in der Türkei noch ein paar vereinzelte Besuche bei meinem Onkel und meinen drei Cousins in der Schweiz drin. Da merkte ich, es gibt also noch ein drittes Land auf dieser Welt!

23

Die Fahrten auf dem Rücksitz des Autos durch die Schweizer Landschaft haben sich damals tief in meine Erinnerung eingebrannt. Während mich auch in der Schweiz die Städte nicht wirklich interessierten, war ich dagegen von den gewaltigen Landschaften mit ihren Seen, Flüssen und Bergen fasziniert. Die Bilder vor meinen Augen erschienen mir surreal und ich vergleiche diese Landschaften heute gerne mit einer riesigen Eisenbahnlandschaft, die Gott geschaffen hat, um damit zu spielen. Wenn Sie mir nicht glauben, dann fahren Sie einmal mit dem Auto die Seestraße um den Vierwaldstättersee herum und machen Sie sich ein eigenes Bild. Oder nehmen Sie eine der vielen tollen Panoramabahnen der Schweiz. Wirklich beeindruckend! Der Glacier-Express fährt beispielsweise durch wunderbare Landschaften, wobei ich mich allerdings frage, warum der eigentlich »Express« heißt. Der ist stellenweise so langsam gewesen, dass uns Fußgänger überholten. Na ja, egal. Das Grün der Wiesen, die perfekten Straßen, die vielen Seen und die hohen Berge sorgen für ein Postkarten-Gefühl der Sonderklasse. Als Kind habe ich mich sofort in die Gegend verliebt und so zog es mich, auch schon bevor ich meine heutige Frau kennenlernte, immer wieder in diese Gegend.

So war es nach Ende meiner Sendung »Was guckst du?!« im Jahr 2006 auch der Vierwaldstättersee, der mir eine Zuflucht bot. In diesem Jahr tobte im Sommer die Fußballweltmeisterschaft in Deutschland. Aufgrund meiner damaligen Berühmtheit habe ich jedoch alle Public Viewing-Plätze nach nur einem missglückten Versuch gemieden.

Obwohl ich sehr dankbar bin über den Erfolg von »Was guckst du?!« und meine Fans für ihre Unterstützung eigentlich nur lieben möchte, sind die Begegnungen mit ihnen manchmal schon eine besondere Herausforderung. Das Wort »eigentlich« klingt für Sie vielleicht schon irritierend, es ist aber gar nicht persönlich gemeint. Denn ein Fan kommt in der Regel mit einer gewissen Freude und Begeisterung auf mich zu, in der Meinung, dass er mich kenne.

Dies stimmt auch zu einem gewissen Teil, denn er oder sie kennt mein Gesicht, meine Stimme und sicherlich einen Teil meiner Arbeit. Ich bin ihm oder ihr vertraut. Er oder sie mir aber überhaupt nicht. Ich habe keine Ahnung, wer da vor mir steht. Ein Netter, ein Bekloppter oder ein Serienkiller? Für mich ist die Person vor mir also im ersten Moment ein komplett fremder Mensch und meine Instinkte sagen mir daher: »Fight or flight? Kämpfen oder fliehen?« Natürlich keines von beiden, aber was soll ich sagen, es ist nun mal eine seltsame Situation.

Diese Instinkte sind ganz natürlich, und ich bin mir sicher, dass jeder gesunde Mensch darüber verfügt. Wenn ich aber diesen Instinkten folgen würde, müsste ich zuerst etwas Abstand halten und schauen, wer diese Person eigentlich überhaupt ist. Erstens würde ich die meist recht nervöse Person vor mir mit diesem Verhalten verunsichern. Und zweitens bleibt auch keine Zeit dafür, denn bevor ich überhaupt reagieren kann, lächle ich bereits in eine Kamera, gebe ein Autogramm oder bekomme einen herzlichen Handschlag oder gleich einen Kuss aufgedrückt.

Sie haben ja keine Ahnung, was ich schon alles erleben durfte. Vom Arschkneifen durch Frauen bis zum Schwitzkasten durch irgendwelche Typen war alles dabei. Manchmal auch umgekehrt. Aus diesem Grund musste ich lernen, jenen Anfangsreflex des Abstandhaltens zu unterdrücken und jedem Fan sofort offen zu begegnen. Dies gelingt mir meistens, aber bei Großanlässen komme auch ich an meine Grenzen, weshalb ich diese seit Jahren meide.

Ruhm ist schon ein seltsames Ding. Das Medium TV gibt es noch gar nicht so lange in der Menschheitsgeschichte. Ich denke, wir sind immer noch dabei zu lernen, mit sogenannten VIPs umzugehen. Elvis Presley oder die Beatles sind so durch die Decke gegangen, weil zu dieser Zeit auch viele ihren ersten Fernseher im Wohnzimmer hatten. Und damals sind die Leute schier ausgerastet oder sogar ohnmächtig geworden. Auch vor dem Fernseher. Die Hysterie war enorm. Sean Connery sagte einmal, dass diese Reaktion auf Ruhm nicht normal und auch nicht nötig wäre. Ich pflichte ihm da bei. Auch Stars sind nur Menschen, das wird oft vergessen oder einfach ausgeblendet. Manchmal kommt es mir so vor, dass Berühmtheiten eine Art »Götzendienst« sind, Ersatzgötter, die man anbeten kann. Das ist natürlich ein schlechter Deal, für beide Seiten. Es entstehen Erwartungen, denen kein Mensch dieser Welt gerecht werden kann.

2001, in der Anfangsphase von »Was guckst du?!«, hatte ich viele Teenies als Fans, die in meiner Live-Vorstellung in den ersten Reihen schon kreischten, bevor ich einen ersten Satz gesagt hatte, geschweige denn einen Gag machen konnte. Das hat mich sehr verwirrt, weil ich es als Komiker gewohnt war, dass man sich seine Kreischer oder vielmehr seine Lacher mit einer Pointe verdienen musste. Ich hatte das Gefühl, die Teenies waren nicht wegen meines Talents anwesend, sondern einfach nur, weil ich berühmt war. Ich bin da altmodisch und möchte mir die Aufmerksamkeit meines Publikums verdienen. »Famous for being Famous« ist nicht meins.

Aber entschuldigen Sie, ich schweife ab. Das ist leider eine meiner anstrengenden Angewohnheiten, die meine Frau auch immer wieder leiden lässt. Bevor man sich zur Nachtruhe begibt, plaudert man miteinander noch ein wenig über den Tag und ich entführe das Gespräch in philosophische Tiefen, die sie kurz vor dem Schlafen in den Wahnsinn treiben. Zum Glück hat sie Humor und sie lacht mich und meine tiefgründigen Bestrebungen einfach aus. Und dann gibt es zur Strafe Sex … ;-)

Es ist wirklich nicht einfach, mit mir in einer Beziehung zu leben. Meine Frau beschwerte sich einmal nach einer Live-Show bei mir und sagte:

»Dieser charismatische Mann auf der Bühne, der gekonnt charmant mit seinem Publikum spielt und bei dem die Kleidung lässig über den Körper fällt … wer ist dieser Mann? Ich kriege entweder den verrückten Philosophie-Professor mit den Haaren auf halbmast und der Brille auf der Nase, der stundenlang Monologe über den Sinn des Lebens halten kann – oder Rocco Siffredi.«

Zurück zum Thema. Die Schweiz war also ein beliebter Zufluchtsort für mich geworden, schon bevor ich meine heutige Frau kennengelernt habe. Man muss auch sagen, die Leute gehen hier etwas anders mit berühmten Personen um. Ja, sie schauen mich an, ja, auch sie grinsen mich an, aber angesprochen werde ich kaum und wenn doch, dann sind es oft gar keine Schweizer. Fest in der Schweiz zu leben war für mich damals doch eine etwas schwere Vorstellung, denn ich kam durch die Zurückhaltung der Eidgenossen auch schwerer mit ihnen in Kontakt. Ich war zwar davon beeindruckt, wie nett alle immer zu mir waren und wie mich jeder mit »Grüezi« beim Wandern in den Bergen begrüßte. Doch nach dem »Grüezi« liefen immer auch alle weiter und es lag nicht einmal ein kleiner Small Talk über die bombastische Landschaft drin. In der Sache bin ich in meiner Persönlichkeit wohl etwas gespalten. Ich will, dass man mich in Ruhe lässt, aber habe ich zu viel Ruhe, kann ich auch wieder anhänglich werden, wenn mich ein Wanderer auf seinem Weg begrüßt. Dann grinse ich ihn doof an, während er hingegen denkt: »Fight or flight?«

Ein Grund für meine zwischenzeitliche Offenheit war sicherlich auch meine damalige Einsamkeit außerhalb des Show-Business. Die Unterhaltungsbranche ist sehr konzentriert auf wenige Orte in Deutschland, Köln ist dabei das eigentliche Zentrum. Fast alles wird dort produziert und somit sind auch fast alle meine Kollegen und Kolleginnen aus der Branche dort. Kölner besuchen dich aber kaum im Ausland, außer vielleicht, du bist grad auf Mallorca. Tendenziell wird man also immer gefragt, wann man denn mal wieder in Köln für ein Treffen wäre. Doch selbst in ein Flugzeug zu steigen, um einen Freund zu besuchen, steht bei den Wenigsten auf der Liste der Möglichkeiten. Vor allem dann nicht, wenn der Freund oder Kollege in der Schweiz lebt. Nur weil die Schweiz nicht in der EU ist, denken viele wahrscheinlich, der Flug dauere fünf Stunden. Zusammengefasst bedeutete dies alles für mich, dass ich, wenn ich im Ausland etwas Ruhe suchte, dabei auch ziemlich alleine war. Sicherlich auch deshalb, weil ich mir bewusst nicht einen der Hotspots dieser Welt ausgesucht hatte, sondern die Natur.

Nach der letzten Folge von »Was guckst du?« redete ich mir ein, dass die Welt alleine zu bereisen ganz mein Ding ist. Ich hielt mich zu dem Zeitpunkt für einen Vagabunden, ohne Wurzeln und ohne richtiges Ziel. Die Zeit in Frankfurt lag schon lange hinter mir und ich dachte, ich könnte einfach immer so weiterreisen und mal schauen, wo es mich hintreibt.

Weil mein Vater einerseits wollte, dass ich mich als Kind benehme und integriere, auf der anderen Seite aber immer mit der »Ich schmeiß dich raus!«-Ansage kam, sah ich mich selbst nie ganz wie ein typisch deutsches Kind. Schließlich hatten die deutschen Kinder keine solchen Ängste gehabt wie ich. Gleichzeitig brachte er mir aber auch kein Türkisch bei, weshalb ich ja auch nicht in der Türkei zurechtgekommen wäre. Er ließ mich also irgendwo dazwischen baumeln. Doch die Ironie am Ausländer in Deutschland ist, dass er, sobald er Deutschland einmal verlässt, merkt, wie deutsch er in all den Jahren geworden ist, und beginnt, plötzlich alle Länder mit Deutschland zu vergleichen. So geht es auch mir und zwar heute noch.

Ein Vagabund steckt fest

2005:

Kaya: »Was hältst du eigentlich von der Schweiz?«

Deutsche Ex-Freundin: »Die Schweiz? Klein, gebirgig, keinen offenen Zugang zum Meer. Wieso fragst du?«

»Mir gefällt's dort. Ich mag die Berge. Ich mag, dass es dort klein und überschaubar ist, und ich bin sowieso nicht so der Strandtyp.«

»Ja, möchtest du da Urlaub machen?«

»Ja. Oder irgendwann mal hinziehen und dem Medienrummel entfliehen. Da laufen wohl Weltstars rum und den Schweizern ist es egal ... sagt man.«

»Da kannste alleine hinziehen und dir 'ne Schweizerin angeln. Ich bleibe in Köln!«

Ich hatte gar nicht vor, irgendwo auf Dauer neue Wurzeln zu schlagen. Ich habe gedacht, ich würde immer ein paar Jobs in Deutschland annehmen und dann in meiner Freizeit die Welt bereisen. Und hätte mir im Jahr 2000 jemand gesagt, ich würde eines Tages in der Schweiz wirklich Wurzeln schlagen, hätte ich gefragt: »Was? Mit Ehrgeiz Purzelbäume schlagen?« So weit war der Gedanke damals von mir entfernt, und das, obwohl die Schweiz eigentlich bereits ein Teil meiner frühen Kindheit war.

Doch es stellte sich heraus, dass ich den Anweisungen meiner Ex bis ins Detail folgen würde. Ob sie sich heute wohl noch an ihre Worte erinnern kann? Rückblickend war das schon eine prophetische Aussage, was sie mir eigentlich als Drohung damals an den Kopf geworfen hatte.

Meine heutige Frau lernte ich per Zufall in Zürich kennen. Ein Cousin von mir zeigte mir damals verschiedene Ecken der Schweiz. nahm mich etwas unter seine Fittiche. Schließlich wurde ich ihm wahrscheinlich zu langweilig und er überredete mich, auch mal die Clubs von Zürich unsicher zu machen und nicht immer nur wie ein Rentner in den Bergen zu wandern. Das war im Nachhinein eine sehr gute Idee, denn beim Wandern hätte ich die Frau sicher nie kennengelernt.

Also gingen wir in den Ausgang. Nicht von der Schweiz, sondern wir gingen aus. Das heißt in der Schweiz: ›in den

Ausgang gehen‹. Man geht zuerst in den Eingang vom Ausgang und dann in den Ausgang vom Ausgang. Und so lief in dieser Nacht dieses Pralinenstück von Frau an uns vorbei und ich hatte nur ein dummes Wort auf der Zunge. Eigentlich hätte ich sie selbstbewusst anschauen, ein charmantes Lächeln auf den Lippen und die Körperhaltung eines Sportlers haben sollen, während ich etwas sagen würde wie: »Na, schöne Frau! Darf ich dich auf einen Drink einladen?« Doch nicht mal dieses Anfängerniveau des Flirtens (diese Methodik steht wahrscheinlich auf der ersten Seite im Buch »Flirten für Dummies«) habe ich beherrscht. Ich brachte nur knapp ein einziges Wort heraus, als sie mich lächelnd anschaute. Nämlich: »Hallöchen!« … Ihr verdutzter und zugleich amüsierter Gesichtsausdruck war keine Überraschung.

Ich war noch nie der absolute Frauentyp. Ich wäre natürlich gerne so cool wie James Bond oder so charmant wie Hugh Grant, bei dessen Lächeln so viele Frauen dahinschmelzen. Heute habe ich gegenüber früher jedoch immerhin den Vorteil, dass die Frauen annehmen, dass ich lustig bin. Früher habe ich gedacht, ich müsse den Frauen zuhören, dabei natürlich möglichst interessiert wirken und dann ihre Probleme lösen, damit ich eine Chance bei ihnen hätte. Das fing in der Pubertät an, denn damals bemerkte ich, dass ich nicht zu den schönen Jungs gehörte, die einfach nur zu schnipsen brauchten, damit ein Mädel ankam. Also überlegte ich mir, wie ich wohl auf einem anderen Weg an Frauen rankam. Ein Mädel, auf das ich scharf war, sagte mir mal: »Mein Freund hört nie zu! Er interessiert sich nicht für meine Probleme!«

»Aha! Ich muss nur zuhören, mich interessieren und am besten gleich ihre Probleme lösen, dann bewundert und liebt sie mich!«, habe ich mir daraufhin in meiner jugendlichen Dummheit gedacht.

Das tat ich dann auch. Endlose Abende und Nächte am Telefon, die Alte quatschte mir die Ohren blutig und ich hörte ihr zu. Ich hörte zu, versuchte, ihre Probleme zu lösen, hörte ihr noch mehr zu und gab ihr so viel Anteilnahme wie nur möglich. Sie fand das prima. Zu mir kam sie zum Quatschen, zu ihrem Freund zum Bumsen! Ja, war ein super Deal für einen pubertierenden und mit Hormonen bis oben vollgestopften Jungen!!

»Kaya, das ist so toll mit dir. Du verstehst mich! Du wärst eigentlich der viel bessere Partner für mich, aber ... ich liebe ihn einfach!«, schluchzte sie mir ins Ohr. Ich hatte damals einen Hörschaden UND keine Freundin.

Aber heute ist das anders. Heute höre ich zwar auch zu, versuche aber keine Probleme mehr zu lösen. Meine letzte Freundin sagt immer:»Hör mir einfach zu, aber biete keine Lösung an. Tröste mich einfach und nimm mich in den Arm!«

Das machte ich dann auch artig. Als sie beispielsweise einmal zu mir sagte:»Ich habe Hunger, wir haben nichts zu essen.«

Ich klopfte ihr auf die Schulter und sagte:

»Das schaffst du schon ...«

Abends im Bett rücke ich zu ihr und flüsterte ihr ins Ohr:

»Ich habe Bock, wir sollten mal wieder ...«

Da klopfte sie mir auf die Schulter, gab mir ein Playboy-Heft und sagte:»Das schaffst du schon ...«

Sie sehen, ich war noch nie wirklich der Frauenversteher, aber bei jener hübschen Schweizerin wollte ich trotzdem ein wenig Aufmerksamkeit für mich rausholen. Trotz des peinlichen»Hallöchen« gewährte sie mir etwas Zeit mit ihr an dem Abend. Jeder, der unsere Geschichte später hört, ist über den Ablauf zuerst etwas enttäuscht. Denn ich wünschte, ich hätte sie am gleichen Abend überzeugen können, sich mit mir in eine heiße Romanze zu stürzen. In Wirklichkeit musste ich rund drei Jahre auf ein erstes richtiges Date warten. Drei Jahre! In drei Jahren werden Kinder geboren, Ehen geschlossen und wieder geschieden. Es gab ja schon immer das Klischee, Schweizer wären langsam. Aber drei Jahre ist nicht langsam, sondern Stillstand. Manchmal bin ich neidisch auf die Steinzeit, das war da einfacher: Mit der Keule der Frau eins über die Rübe ziehen und dann in die Höhle schleppen. Aber das wäre in dem vornehmen Zürcher Club wohl weniger gut angekommen. Also habe ich mich zurückgehalten und immer mal an die brünette Schweizerin gedacht. In den drei Jahren hat sie sich ab und zu höflich nach meinem Wohlergehen erkundigt. Mehr kam aber auch nicht. Dennoch fühlten sich diese kleinen Fragen über mein Leben immer ehrlich an, und ich hatte das Gefühl, sie wollte tatsächlich wissen, wie es mir geht. Vielleicht haben die Schweizer recht und ihre anscheinende Langsamkeit ist in Wirklichkeit eine scharfsinnige Bedachtheit: »Gutes braucht halt Zeit.«

Auch wenn ich diese Weisheit heute besitze, nachdem es nach den drei Jahren dann endlich funkte, war meine Geduld komplett weg. Ich war 39, verliebt und habe ihr auch ziemlich schnell und direkt gesteckt, dass ich ein Kind von ihr wollte:
»Schau, Schatz, ich bin jetzt 39 Jahre alt und gehe auf die 50 zu. Ich habe nicht mehr so lange Zeit und ich möchte den Sack bald zumachen. Und zwar mit dir! Du bist die Mutter meiner Kinder, das spüre ich, können wir also einfach loslegen? Mein Vater war ein alter Papa, ich wollte eigentlich nie ein alter Vater werden ... aber ich bin auf dem besten Weg dahin.«
Wir waren gerade auf unserer ersten gemeinsamen Reise und zwar in China. Meine Rede hielt ich, während wir in einem Touristen-Schnellboot auf dem Weg von Hong Kong nach Macau saßen und ich bemerkte, wie ihr Blick nervös zum Notausgang schweifte. Man sah ihr deutlich an, dass sie mit dem Gedanken spielte, einfach ins offene Meer zu springen. In Sachen Geduld bin ich ganz klar Deutscher, ich habe nämlich keine, und so wurde ich wegen ihr immer wieder auf die Zerreißprobe gestellt. Sie hatte nämlich auch in Sachen Kinder überhaupt keine Eile.

Doch noch etwas passierte mit mir in den vergangenen Jahren, ohne dass ich es zunächst so richtig mitbekam: Ich ging mit der Beziehung zu ihr auch eine richtige Bindung mit der Schweiz ein, aus der ich so schnell nicht mehr rauskomme. Zuerst wollte ich das gar nicht so richtig. Das lag nicht an der Schweiz, sondern eher an meiner Einstellung, auf ewig ein Vagabund bleiben zu wollen. Ich zog dennoch in ihre Nähe und schon bald teilten wir uns die erste Wohnung. Plötzlich kam eine Katze dazu undalles wurde immer mehr zu einem klassischen Zuhause. Immer wieder versuchte ich, sie für neue Orte zu begeistern, denn ich hätte nie gedacht, dass ich irgendwo bis an mein Lebensende leben würde oder könnte. Vielmehr wollte ich Neues sehen und meinen Koffer immer wieder aufs Neue packen. Doch meine heutige Frau war schon damals viel mehr ein Baum als – wie anfänglich angenommen – eine Praline. Sie hatte so tiefe Wurzeln, dass eine Verpflanzung ein Großprojekt darstellen würde. So sind wir zwar nach Kanada, Irland, Neuseeland und nach Asien gereist. Doch so sehr sie das Reisen auch liebt, am Ende einer Reise freute sie sich immer wieder auf zu Hause, ihre Katze, das Sofa und die Freunde.

Sie:»Du stellst mich ja dar wie einen Bergbauern, der nicht mal zum Einkaufen aus seiner Hütte raus will. Ich liebe das Reisen und zwar schon immer. Aber Auswandern stelle ich mir so beschwerlich vor. Außerdem hätte ich Angst, dort einsam zu sein, wenn du auf Tour gehst.«

Ich:»Wir könnten zwei Wohnorte haben und so ein halbes Jahr in der Schweiz leben, zum Beispiel, wenn ich auf Tour bin und das andere halbe Jahr, äh, zum Beispiel in Neuseeland?«

»So weit weg? Was hast du gegen Europa? Und sollen sich die Katzen dann ein halbes Jahr selber die Futterdose öffnen?«

»Die kommen einfach mit.«

»24 Stunden im Flieger … du Tierschützer!«

»Ich mag es ja hier. Aber möchte ich nach der ganzen Migrationsgeschichte meiner Eltern nun nochmals einen Film »Migration Teil 2« in der Schweiz starten? Und die wichtigste Frage: Werde ich meine Kinder überhaupt verstehen, wenn sie nur Schwyzerdütsch mit mir reden, oder blüht mir das gleiche Schicksal wie meinem Vater, der mich oft zweifelnd anschaute, wenn er mich nicht verstand und dann fragte:»Hast du mich gerade beleidigt?«

Das ist hier aber nicht so wie in Deutschland!

Nach Deutschland wurde also die Schweiz meine zweite längere Lebensstation, der Liebe wegen. Natürlich stolperte ich über all die kleinen Hindernisse, über die ein Deutscher in der Schweiz so stolpern kann, da half die rosarote Brille auch nicht viel.

Ich muss aber einräumen, dass ich die erste Zeit eine Art Parallel-Leben gelebt habe. Denn ich war zwar oft in der Schweiz, aber arbeitsbedingt auch oft in Deutschland. So traf ich meine Freunde in Köln und meine Freundin in der Schweiz. Ich schob die Integration einfach etwas vor mir her. Vieles an der Schweiz habe ich zu Beginn schlicht nicht verstanden oder gesehen. Meine Freundin arbeitete damals von Montag bis Freitag in Zürich, und ich jedes Wochenende irgendwo auf einer Bühne. Unter der Woche hatte ich viele Drehtage in Köln. Wenn sie mich nicht auf Tour besuchen konnte, war unser Hauptkommunikationsmittel Skype. Nachdem verschiedene Schwyzerdütsch-Versuche ihrerseits scheiterten, sprach sie irgendwann nur noch Hochdeutsch mit mir. Sie war wohl einfach genervt, dass ich nichts verstand, sie ständig Sätze wiederholen musste und ich die Sprachbarriere teilweise auch als Ausrede benutzte:
»Nein, das hast du mir nicht gesagt ... oder vielleicht habe ich es einfach nicht verstanden ...« Verräterischerweise waren es immer Sätze, in denen »Haushalt« und »Müll runterbringen« vorkamen. Ich fand es damals wunderbar bequem, dass sie mit mir Hochdeutsch sprach, und hatte mir an der Stelle auch keine Gedanken gemacht, dass das auf irgendeine Art komisch für sie sein könnte. Für mich klang es gut, fließend und den Akzent mochte ich. Meine Welt war in Ordnung.

Im Nachhinein sehe ich diese Einstellung als eines der Hauptprobleme, die sich ein Deutscher in der Schweiz selber kreieren kann, wenn er im Land versucht Fuß zu fassen. Die so klein scheinenden Unterschiede in der Sprache, im Umgang miteinander und in der Kultur sind zu Beginn leicht zu ignorieren, denn der Schweizer ist in der Regel höflich genug, sich anzupassen. Ich habe zu Beginn, ganz ehrlich, das meiste knallhart abgetan oder ziemlich simpel schubladisiert. Wie zum Beispiel:»Der Deutsche ist offen, gesellig und frech. Der Schweizer ist zurückhaltend, ruhig und freundlich.«

Ich möchte diese Charakterisierung auf keinem Fall jedem Deutschen unterstellen, aber ich hatte die Schweiz vor allem als ein Land mit Postkarten-Landschaften abgespeichert. Auf die dort lebenden Menschen ging ich nur mit einer sehr begrenzten Feinfühligkeit ein. Meine Freundin hielt ich für einen Glücksgriff. Nie hätte ich mir denken können, dass die Liebe meines Lebens eine Schweizerin sein würde. Auch wenn ich meine anfängliche Ignoranz gegenüber den Eidgenossen mittlerweile gerne verleugnen würde, der Beweis dafür ist immer noch im Umlauf. In einem alten Live-Programm,»Live & Unzensiert«, welches für eine TV-Ausstrahlung und den DVD-Verkauf aufgenommen wurde, äußere ich mich ziemlich klar über Schweizer Frauen. Man könnte es fast schon lästern nennen, denn im direkten Ländervergleich schien die Schweiz so unglaublich unerotisch für mich. Allein die Vorstellung einer Sex-Hotline in Schwyzerdütsch gab mir Material genug für eine 10-minütige Comedy-Nummer:»Heissi Brut, ganz in diner Nähe! Ruf jetzt a!«, posaunte ich mit meinem besten Schweizer Akzent raus. Und so kam ich auf der Bühne regelmäßig zu meinem Fazit: Fast in jedem Land könnte sich die zukünftige Frau Yanar verstecken, aber bestimmt nicht in der Schweiz. Denn ich, als Sprachen- und Akzentliebhaber, ließ die Schweizerinnen in meiner Bewertungsskala ganz weit unten aufknallen. Und jetzt bin ich mit einer Schweizerin verheiratet. Wie es scheint, kommt das Schicksal nicht ohne einen Sinn für Ironie.

Eigentlich mochte ich Dialekte schon immer, gewissermaßen seit früher Kindheit. Aufgewachsen in Frankfurt, wollte ich eigentlich den hessischen Dialekt sprechen, oder wie man in Frankfurt sagt: Hessisch babbele. Doch mein Vater wollte nicht, dass ich Hessisch babbele. Erstens, weil er das noch weniger verstand als das eigentliche Hochdeutsch. Aber auch weil er dachte, es wäre kein »richtiges Hochdeutsch«.

So sollte ich mal mein Zimmer aufräumen, weshalb ich zu ihm sagte:

»Des krieje mer heut ned mer gebacke«, worauf er mich verwirrt anschaute und mit erhobenem Zeigefinger zu mir sagte:

»Aufpassen! Du redest Deutsch anständig hier Junge!«

»Das heißt hier ›Uffgebassd!‹, Papa!«

»Du Arschkopf, hör jetzt auf mit de Blödsinn!«

»Typisch Haushalt Yanar: ›Geed net! Gibds net! Maache mer net!‹«

Es gab übrigens mal eine Studie zu der Frage, welcher Dialekt in Deutschland eigentlich am erotischsten ist. Dazu hat man sechs Frauen mit verschiedenen Dialekten in der Kölner Innenstadt Männer anflirten lassen. Kölsch, Norddeutsch, Berlinerisch, Sächsisch, Bayrisch, Schwäbisch und Hessisch.

Was meinen Sie: Auf welche Frau standen die Männer am meisten? Auf die mit den dicksten Brüsten. – Äh ja, tut mir leid, aber den Witz musste ich an dieser Stelle kurz bringen.

Doch zurück zu der Schweizer Sex-Hotline. Ich bin mir ziemlich sicher, der eine oder andere Schweizer hat mir die Nummer über die Schweizer Sex-Hotline sicher übel genommen. Aber stellen Sie sich vor, wie sich erstmal meine heutige Frau damals fühlen musste. Ich war nämlich mit der Show auf Tour, als wir frisch zusammen waren, und sie musste sich die Witze gezwungenermaßen anhören, da sie mich auf Tour oft begleitete. Als loyale Seele, die sie ist, versteckte sie sich selten backstage oder im Hotel, sondern begleitete mich zu den Hallen und setzte sich auch regelmäßig ins Publikum. Und so schlich sie sich zwei Minuten vor Showbeginn unbemerkt in die Masse, um mit mir später über die Stimmung im Saal und die Reaktionen auf einzelne Nummern zu diskutieren.

Für mich war das ein Segen, denn auf der Bühne nimmt man vieles komplett anders war als aus der Perspektive der Zuschauer. Doch im Gespräch über meine Schweizer Nummern redete ich mich um Kopf und Kragen, denn ich hatte das Gefühl, ich müsse alles relativieren. Nicht nur, dass ich damals vor großem Publikum jeden Abend rausposaunte, ich wäre Single und auf der Suche nach einer Frau. Nein, ich musste auch noch unterstreichen, dass ich nie, wirklich nie was mit einer Schweizer Frau anfangen würde. Meine liebe Partnerin saß derweilen zwischen den lachenden und grölenden Fans, und ich konnte mir nur vorstellen, was nun in ihrem Kopf vorging. Vielleicht »Heuchler«, »Depp« oder wie der Schweizer auch sagt: »Tubbel!«, was so was wie »Idiot« bedeutet.

Aber ganz ehrlich, was hätten Sie gemacht? Nach einem Jahr auf Tour einfach das Programm umschreiben? Dazu fehlte mir die Zeit. Und an den Nummern hatte ich auch schon ewig lange gefeilt, weshalb meine stolze Künstlerseele keine großen Änderungen mehr zulassen wollte. Also erklärte ich ihr backstage nach einer Show in Stuttgart: »Sorry, aber da müssen wir jetzt wohl durch, Schatz. Nur bis zum Ende der Tour. Und ganz ehrlich, du bist für mich auch nicht unbedingt eine Schweizerin. Du bist was ganz Besonderes.«

Sie schaute mir mit einem kühlen und schwer zu deutendem Blick in die Augen, biss sich kurz auf die Lippen und sagte dann:
»Keiner sagt ›Ruf jetzt a!‹ in der Schweiz.«
»Was?«
»Das ist kein korrektes Schwyzerdütsch. Die meisten würden sagen ›Lüt jetzt a!‹ und auch der Satz ›Ganz in diner Nähe‹. Das ist mehr Hochdeutsch als Schwyzerdütsch, einfach mit Schweizer Akzent ausgesprochen. Wenn du es beispielsweise wie die Zürcher sagen willst, musst du ›Ganz in diner Nööchi‹ sagen. Die Nummer über die Sex-Hotline hat ja Pozential, aber ich würde es dann schon korrekt machen. Vor allem, wenn du damit in der Schweiz auftreten willst. Dort werden die Leute bei dem versuchten Schwyzerdütsch eher mit den Augen rollen.«
Dann nahm sie ihren Mantel, der auf dem Stuhl vor dem Schminkspiegel lag, schaute zu mir auf und sagte mit einem Lächeln: »Können wir jetzt gehen? Ich bin etwas müde.«

Hatte diese Frau gerade konstruktive Kritik an meinen Nummern geäußert? Ich befand mich in einer Art Schockstarre und brauchte bestimmt zehn Minuten, bis ich mich aus ihr lösen konnte und ihr aus dem Raum, den Flur runter und auf den Parkplatz zum Auto folgen konnte. Es war in meiner Denke fast unverständlich, wie ihr mein Auftritt zwar offensichtlich nicht egal war, sie aber trotzdem kein Drama daraus machte, sondern meine Nummer einfach nur verbessern wollte. Obwohl mich ihr kurzer Biss in ihre Lippe kurz vor ihrer Kritik schon auch nachdenklich gemacht hatte, und ich mich fragte: »War da doch so was wie unterdrückte Wut?«, war das Thema danach für sie abgeschlossen.

Wissen Sie, wenn Sie in einer türkischen Familie aufgewachsen sind, gehört Drama zum Alltag. Ich glaube, dramatisches Verhalten verbinden sehr viele mit »Mir ist es nicht egal, also schreie ich und zeige dir, wie wichtig mir das alles ist!« Dies geht in beide Richtungen. So konnte meine Mutter sagen: »Ich liebe dich über alles, mein Sohn, für dich würde ich sterben!« Aber umgekehrt konnte es auch am nächsten Tag heißen: »Ihr seid für mich gestorben, ich gehe meinen eigenen Weg!« Die beiden Pole wechselten sich regelmäßig ab und so gewöhnte ich mich in den Jahren an das Drama, es war einfach Normalität. Schlimme Streitereien und dramatische Versöhnungen gehörten zum Leben.

Die Dramaturgie nahm auch nicht ab, als ich mit »Was guckst du?!« meinen großen Durchbruch schaffte und meine Familie verließ, um in eine neue Stadt zu ziehen. Plötzlich sollte ich die Vorzeige-Figur für Vermittlung und Integration sein. Doch was im Hintergrund alles passierte, weiß fast kein Mensch. Während nach den ersten Folgen die Produktionsfirma und der Sender die Super-Quoten mit Sekt und großem Jubel feierten, bekam ich Morddrohungen und zog mich immer stärker zurück. Die Briefe waren teilweise mehr als nur verstörend und auch die Telefonnummer meiner Mutter musste ich schnell aus dem Telefonbuch entfernen lassen, da sogar sie telefonisch bedroht wurde. Und dies alles nur, weil ich mit den Klischees zweier Länder spielte. Ich wurde auf der einen Seite in den Himmel gelobt und auf der anderen Seite gehasst. Ich konnte mit beiden Rollen nicht wirklich gut umgehen, denn beide Aspekte waren mir zu extrem und fühlten sich einfach falsch an. Ich war nur ein junger Kerl, der mit einem strengen türkischen Vater, einer lieben Drama-Queen als Mama und einem ebenso rebellischen wie hochintelligenten Bruder in einem multikulturellen Umfeld in Deutschland aufwuchs und diese teilweise schweren Startbedingungen wunderbar für Comedy nutzen konnte. Ich machte mir also einen scheinbar anfänglichen Nachteil zu einem Vorteil, denn dieses ganze Umfeld war die perfekte Inspiration für Comedy. Doch ich konnte weder für alle Türken sprechen noch konnte ich die Frage beantworten, ob ich mich jetzt deutsch oder türkisch fühlte. Ehrlich gesagt, fühle ich mich die meiste Zeit meines Lebens einfach nur wie Kaya.

Zu diesem Zeitpunkt entschied ich mich, mit der Sendung weiterzumachen, schirmte mich aber von der Öffentlichkeit ziemlich ab. Damit ich nachts besser schlafen konnte, sagte ich mir einfach, dass Hunde, die bellen, nie beißen würden und es bestimmt bei bloßen Drohungen bleiben würde. So war es zum Glück dann auch, und dennoch habe ich es nie verstanden, wie die Worte eines Komikers solch extreme Reaktionen hervorrufen konnten. Es laufen leider zu viele Wahnsinnige frei herum. Ich bin nach wie vor immer noch sehr stolz auf meine damalige Sendung, aber ich wünschte mir, ich hätte den Erfolg etwas mehr genießen können. Im Nachhinein weiß ich aber auch, dass man für Erfolg einen gewissen Preis bezahlen muss. Und ich bin froh, damals mit der Sendung nicht aufgehört zu haben, denn dann hätten die Durchgeknallten und Extremisten gewonnen.

Wegen meiner Familie, aber auch wegen meiner beruflichen Erfahrungen, war ich somit extreme Reaktionen auf meine Person und meine Arbeit gewohnt. Doch wusste ich dennoch nicht genau, was ich mit der Reaktion meiner neuen Freundin anfangen sollte. Konnte ich mich einfach nur über ihre coole Art freuen und zurücklehnen? Ich war, ehrlich gesagt, nach dieser Nummer etwas misstrauisch geworden und fragte mich, ob irgendwann doch noch die Retourkutsche kommen und ich dann Zeuge werden würde, wie eine Schweizerin in einer vulkanartigen Explosion an die Decke geht. Wenn wir die Resultate meiner wissenschaftlichen Untersuchungen nehmen und dabei meine Frau als die Durchschnitts-Schweizerin betrachten (ja, ja, ich weiß, sie repräsentiert hier halt jetzt rund 8,3 Millionen Schweizer. Wenn Sie etwas wissenschaftlich Fundiertes lesen möchten, sollten Sie nicht das Buch eines Komikers lesen. Oder lesen Sie doch dieses Buch zu Ende und dann »Empirische Forschung in der forensischen Psychiatrie, Psychologie und Psychotherapie«), dann ist die Antwort klar: Fehlende Feinfühligkeit und Ignoranz, was die Nationalität betrifft, haben bei Schweizern ihre Folgen. Diese mögen nicht ganz so dramatisch wirken wie ein verbales Gefecht mit einer türkischen Mama, aber leiden tut man dennoch, denn Sie werden an Ihrer Integration langfristig scheitern.

Ich erinnere mich an ihren Geburtstag, an dem ich ihre Eltern und Freunde das erste Mal traf. Es lag nicht unbedingt daran, dass ich an dem Abend ihre Eltern kennenlernte, damit konnte ich gut umgehen. Meine heutige Frau saß anfangs neben mir, ihre Eltern uns gegenüber. Mit einem coolen Lächeln legte ich meine Hand auf die meiner Freundin, schaute ihrer Mutter tief in die Augen, gab ihrer Tochter einen kleinen Stoß mit meiner Schulter und sagte dann: »Komm Schatz, sag es ihnen doch endlich!«

Der Spruch funktioniert immer, sofern man die neue Schwiegermutter in den Wahnsinn treiben will – und das wollte ich natürlich. Auf deren Stirn standen ihre Gedanken klar geschrieben: »Was? Schon schwanger?! Du willst den Typen heiraten? Du kennst den doch kaum?! Sag schon! Was ist es? Was ist es?! Sag es mir!«

Meine Freundin, coole Socke, die sie ist, verdrehte jedoch nur ihre Augen und sagte: »Hör uf!«

Diese zwei Worte, »Hör auf«, brachte sie noch nie in Hochdeutsch über die Lippen. Diese zwei ach so kleinen

Worte stellen ihre Antwort auf all die kleinen Neckereien, Sprüche oder Peinlichkeiten dar, die ich in großer Regelmäßigkeit und über den Tag verteilt zum Besten gebe. Ihre Mutter wischte sich eine Angstschweiß-Perle von der Stirn, doch bevor sie etwas sagen konnte, klingelte es an der Tür.

Nun kam eine kleine Gruppe von Freunden dazu, die mich alle mit neugierigen Augen begrüßten und sich offensichtlich freuten, mich, den Kaya, endlich persönlich kennenzulernen. Nach der anfänglichen Euphorie über das Kennenlernen wechselte die Aufmerksamkeit jedoch ganz zu meiner Überraschung zu meiner Freundin. Eigentlich normal, denn sie war ja an dem Abend das Geburtstagskind. Dennoch etwas ungewöhnlich für mich, muss ich etwas beschämt gestehen. In dieser intimen Gruppe von Freunden erkannte ich meine Freundin nicht mehr wieder. Zuerst einmal war ich geschockt, dass ich meine süße Freundin einfach nicht mehr verstand. Sie sprach mit den Freunden in einem Schweizerdeutsch, das ich so von ihr nicht kannte. Und das Ganze auch noch in einem Tempo, das auch einem Spanier hätte Konkurrenz machen können.

Ich verstand kein Wort und hatte das Gefühl, einen fremden Menschen mir gegenüber zu haben. Und so rächte sich meine anfängliche Ignoranz, ich war plötzlich wieder der Ausländer und fragte mich, ob ein bisschen Integrationsarbeit nicht doch ganz gut wäre. Denn meine Partnerin hatte eine ganz andere Art im Schwyzerdütsch und hatte an dem Abend offensichtlich überhaupt keine Lust, für mich hochdeutsch mit ihren Freunden zu sprechen und sich in ihrem Tempo oder ihrer Ausdrucksweise irgendwie limitieren zu lassen. Plötzlich fühlte ich mich wieder wie der kleine Kaya in der Türkei: Ich verstand nix! Ich, als kleiner Sprachen-Liebhaber, fühlte mich fast schon schuldig, dass ich dem Schwyzerdütsch zu wenig Aufmerksamkeit geschenkt, es sogar als bloßen Dialekt abgetan hatte. Ich war am Tisch ein totaler Außenseiter, der nur ein paar Brocken der Konversation verstand, doch nicht immer nachfragen wollte. Daher eine Vorwarnung für alle

Deutschen, die noch in die Schweiz auswandern wollen: Das Deutsch, das Sie von den Schweizern Politikern oder Prominenten aus dem Fernsehen kennen ... Das ist nicht Schwyzerdütsch! DAS IST IHR HOCHDEUTSCH!!!

Als wir an jenem Abend nach Hause kamen, wollte ich mich bei meiner Liebsten etwas einschleimen. Ich bot an, den Müll rauszubringen. Als ich jedoch meinen Abfall aus dem Arbeitszimmer mit dem Restmüll in eine Tüte schmiss, brachte ich offenbar große Schande über mich ...

»Kaya! Hööör uuuf!«

Was hatte ich denn jetzt wieder gemacht?

»Was soll das?«, sie zeigte in die Abfalltüte vor mir.

»Das soll Müll«, antwortete ich verwirrt.

»Das ist aber kein Müll. Das ist Papier!«

»Ja, Schatz, das ist Papier, was ich nicht mehr brauche. Deswegen tue ich das in den Müll!«

»Das gehört aber nicht in den Müll! Das gehört ins Altpapier! Trennt ihr den Müll nicht in Deutschland?«

»Doch, aber das ist optional! In Deutschland haben wir ein paar bunte Mülltonnen und wenn wir nicht wissen, wo was reinkommt, schmeißen wir alles in die schwarze Tonne und denken: Trennt doch selber den Müll!«

»Ja, aber nicht in der Schweiz! Hier machst du mit dem Papier ein Altpapierbündeli!«

»Ein was?«

»Ein Altpapierbündeli!«

»Aha – was ist denn ein Altpapierbündeli?«

»Das sind die Bündel Papiere, die du immer vor den Hauseingängen siehst.«

»Ich sehe nur Neupapierbündeli!«

»Was sind denn Neupapierbündeli?«

»Das sind Zeitschriften, Zeitungen und Magazine, die in die Häuser geliefert werden.«

»Die kommen nicht in die Häuser rein, sondern raus, das ist Altpapier!«

»Das ist Altpapier?«

Ich hatte in meinem Leben noch nie so sauber sortiertes, gebündeltes, frisiertes, gebügeltes Altpapier gesehen! Lesen die Schweizer ihre Zeitung überhaupt? Oder holen sie sie direkt aus dem Briefkasten, legen sie aufs Altpapierbündeli und denken sich:»Nicht lesen! Wie sieht das denn nachher auf dem Altpapierbündeli aus?!«

Meine Frau merkte mir meine Verwunderung an und sagte:»Ja, so sehen die Altpapierbündelis nun mal bei uns aus und genau so eins machst du jetzt auch!«

Eine Stunde später war ich fertig mit meinem ersten Bündeli:»Schatz, ich bin fertig ...«, sagte ich voller Stolz und stand neben einem sauber geschnürten Etwas.

»Was'n das?«

»Das ist mein Altpapierbündeli!«

»Ja aber, da ist ja Karton dazwischen!«

»Karton, Pappe, Papier, ist alles dasselbe. Leicht entflammbar.«

»Ist es nicht, sonst würde es ja genauso heißen. Du machst jetzt ein zweites Bündeli nur mit Karton!«

»Ein zweites Bündeliiiiiiiii!?!?«

Eine weitere Stunde später:

»Schatz, ich bin fertig!!! Soll ich noch Geschenkpapier drumherum machen? Mit einer Grußkarte an die Müllabfuhr? Merci vielmals für die tiptop Arbeit?«

»Hör uuf! Bring das jetzt bitte einfach raus.«

Grummelnd brachte ich die beiden Bündelis vor die Tür. Ich muss sagen, ich war ziemlich stolz auf meine beiden Bündelis. Die sahen echt akkurat aus. Ich wünschte mir jetzt sehr, dass mich meine Nachbarn neben meinen Bündelis sehen und denken:»Sehr gut, der hat sich integriert, der kriegt die C-Bewilligung.«

Aber niemand kam. Einen Tag später war das Altpapierbündeli weg, aber das Kartonbündeli war immer noch da ... Und warum? Weil das an einem anderen Tag abgeholt wird. Wäre auch wirklich zu einfach, liebe Schweiz, wenn beides am selben Tag abgeholt werden würde! Wirklich tiptop!

Genau in diesem Augenblick kam übrigens ein Nachbar vorbei und sagte:

»Ja, habe ich mir schon gedacht, dass das von Ihnen ist! Sagen Sie mal, haben Sie keinen Abfallkalender?«

45

»Einen, äh, Abfallkalender?«

Er nickte belehrend und wiederholte langsam wie für einen besonders Begriffsstutzigen: »Ja, einen Abfallkalender!«

»Wieso sollte ich mir denn Bilder von Müll an die Wand hängen?«

Aber, ich habe dazugelernt. Mittlerweile habe ich eine App mit dem sogenannten »Abfallkalender«. Dieser sagt mir genau, wann und wo welcher Müll abgeholt wird. Wenn ich in Deutschland auf Tour bin und ich weiß, dass bald Altpapier abgeholt wird, dann schicke ich meinen Müll per Einschreiben nach Zürich mit einer Grußkarte an die Abfallgewerke.

»Vielen Dank für die super Zusammenarbeit! Euer Mitarbeiter, Kaya Yanar!«

Alle zwei Wochen Altpapier fein säuberlich gebündelt und geschnürt auf die Straße. Kartonagen wieder an einem anderen Tag einmal pro Monat. Abfallcontainer einmal die Woche. Nicht zu verwechseln mit der Grünabfuhr, die bei uns jeden Montag geholt wird. Das Altglas und Aluminium muss ich an einer Sammelstelle abgeben, PET-Flaschen aber im Supermarkt! Ich gründe einen Start-up! Müll-to-go für alle, die ihr Leben nicht dem Abfallkalender widmen wollen! »Gib mir deinen Müll, ich entsorge für dich!«

Aber im Ernst, ich verstehe nicht, wieso man sein Altpapier bündeln soll. Die Zeit, die damit draufgeht, die das ganze Land damit verbringt, Papier zu bündeln, ist ein großer Verlust an Nettoarbeitskraft. Mit der könnte man Besseres anfangen: Straßen fegen, Häuser bunt anmalen oder in Deutschland einmarschieren – ;-)

Sollten die Schweizer den Einmarsch per Post in Berlin verkünden wollen, könnte diese Information etwas spät ankommen. Sorry, wenn ich jetzt hier voll auf Klischee machen muss, aber die Schweizer Post ist schon witzig. So musste ich einmal einen wichtigen Vertrag von Zürich nach Köln senden, doch nach zwei Tagen riefen mich die Empfänger an und machten Druck:

»Herr Yanar, wo ist der Vertrag?!!! Wir müssen den zurückhaben, sonst können die Dreharbeiten nächste Woche nicht beginnen!«

»Ich habe den doch geschickt!«, schluchzte ich verzweifelt ins Telefon.

Meine Frau stand in der Küche und fragte:

»Hast du den Vertrag mit der B-Post verschickt?!«

Ich dachte kurz über ihre Frage nach und antwortete:

»Äh, nein, da stand einfach nur ›Post‹, da war kein Buchstabe davor.«

»Nein, das ist eine bestimmte Art, die Post zu verschicken. Grob gesagt, haben wir in der Schweiz zwei Arten Post zu verschicken: Die A-Post, das ist die schnelle Post und die B-Post, das ist die langsame.«

»Hä? Was? Ihr habt eine langsame Post? Aber wer hat denn Interesse an einer langsamen Post? Wer geht in eine Filiale und sagt: ›Grüezi! Ich möchten diesen Brief verschicken … aber nicht zu schnell!‹«

»Ich weiß auch nicht … meine Großmutter gab mir früher manchmal ihre Post mit und ich musste immer alles per B-Post verschicken. Da sparte sie pro Umschlag 20 Rappen.«

»Und wie funktioniert die B-Post? Lassen sie die einfach liegen? ›Hey Reto, nicht mitnehmen, das ist die B-Post, das machen wir erst nächste Woche.‹ Schon einmal vorgekommen, dass die Briefe verwechselt wurden und die B-Post schneller war als die A-Post? Heißt die dann C-Post? ABC-Post? Warum macht Ihr nicht gleich das ganze Alphabet voll?«

»Hör uf!«

Der Vertrag kam erst nach ganzen acht Tagen in Köln an. Wahrscheinlich engagiert die Schweizer Post speziell für die B-Post Dauerkiffer, damit die den Job auf keinen Fall zu schnell erledigen, und bezahlt denen dafür 20 Rappen weniger die Stunde.

Warum die Deutschen die besseren Autofahrer sind

Mein Name ist Kaya Yanar und ich bin anonymer Auto-Choleriker, bedingt durch meine narzisstische Ader, die im Straßenverkehr hervorgerufen wird. Soweit zumindest die Diagnose meiner Frau, der Hobby-Psychologin. So, jetzt ist es raus und Sie wissen Bescheid. Ich wusste lange selber nicht, dass ich ein Problem habe. Zum Glück hat mich meine liebe Frau auf die Problematik hingewiesen, sodass ich mich nicht mal mehr in Ruhe aufregen und meine kreativen Beschimpfungen gegenüber den anderen Autofahrern genießen kann. Deshalb an dieser Stelle:»Vielen Dank, Schatz!«

Beispiele gefällig? Okay, diese Sätze benutze ich angeblich regelmäßig beim Fahren:

- »Diese Smombies[1] müsste man straffrei überfahren dürfen!«
- »Was macht denn, bitteschön, ein Berlingo auf der linken Spur?!«
- »Diese bekloppten Mittelstreifenfahrer, machen aus drei Fahrspuren zwei!«
- »Der hat wohl den Blinker ausgebaut und hat stattdessen einen DVD-Player!«
- »Gib Gas, du Schmock! Das ist die Beschleunigungsspur, nicht die Bremsspur! Bremsspur haste gleich in der Hose!«
- »Diese Geisterbaustellen, wo nie ein Bauarbeiter ist! Schau mal hier! Nur Baugeräte, die können sich nicht alleine bedienen!«
- »Ja klar, musste der jetzt noch überholen und sich vor mich stellen. Der hätte mich locker noch vorbeiziehen lassen können! Sonntagsfahrer!«
- »Berlingo, Twingo, Dingo … was haben die denn alle auf der Autobahn zu suchen? Ab ins Gehege!«

Gibt es etwas Deutscheres als Autos? Ich glaube: Nein. Denn das Auto ist eine deutsche Erfindung. Ein deutsches Markenauto hat trotz Dieselskandal immer noch einen

---

1 Kombination der Wörter »Smartphone« und »Zombie«: Menschen, die durch das ständige Starren auf das Smartphone ihre Umgebung nicht mehr wahrnehmen.

hervorragenden Ruf. Vor allem wegen seiner hochwertigen Teile – aus Belgien, Schweden, Tschechien, China, Indonesien, Polen und Taiwan!»Made in Germany« halt! Und bei Mercedes arbeiten so viele Türken, dass da eigentlich kein Stern auf der Motorhaube sein müsste, sondern ein Halbmond! Okay, das geht vielleicht zu weit, aber in einem durchschnittlichen deutschen Auto sind bestimmt mehr Nationalitäten vertreten als bei einer Vollversammlung der Vereinten Nationen. Aber trotzdem, die deutsche Ingenieurskunst macht den Unterschied und deshalb können die Deutschen auch zu Recht stolz darauf sein.

In Deutschland aufgewachsen, dachte ich – und denke ich wohl heute unbewusst noch –, dass wir, die Deutschen, im weltweiten Vergleich die Fahrkunst überdurchschnittlich beherrschen. Schließlich baut Deutschland auch die weltweit besten Autos, okay, der Vergleich hinkt vielleicht, aber wenn du als Deutscher beispielsweise nach Rom kommst, drehst du bei den dort vorherrschenden Fahrkünsten komplett durch. Aus zwei Spuren werden ohne mit der Wimper zu zucken drei gemacht, Parkschäden gehören zum Design der Fahrzeuge und Hupen wird so oft verwendet, dass man erst aufschreckt, wenn man's nicht mehr hört. Die Italiener gehen mit ihren Autos einfach lässiger um. Fahrzeugkontakt ist normal und dementsprechend sehen eben viele Autos auch aus. Wenn man einem Italiener mit weniger als 40 km/h hinten drauf fährt, dann bemerkt der das noch nicht mal! Die Franzosen parken so ein, wie sie Boule spielen. Ein bisschen vorne drantitschen, ein bisschen hinten drantitschen, schon passt es! Das hat den großen Vorteil, dass man sich seine Parkplätze so groß machen kann, wie man sie braucht.

Für uns Deutsche ist das alles eine Horrorvorstellung! Denn wehe, es berühren sich nur die Stoßstangen von zwei deutschen Autos! Dann springen beide Fahrer sofort aus ihren Autos, wedeln mit ihren ADAC-Rechtsschutzbriefen und rufen ihre Versicherung an.

Ich fahre schon seit Jahrzehnten beruflich durch die ganze Republik und hatte natürlich auch leider schon Unfälle.

Zum Glück habe ich mich dabei nie ernsthaft verletzt. Doch ich konnte auch im Handhaben der Unfälle feine Unterschiede erkennen. Bei einem Unfall mit einem anderen Deutschen war die Ansage des Gegenübers in etwa so: »Entschuldigung?! Hallo! Sie sind mir hinten drauf gefahren, haben Sie das nicht gemerkt?! Es war rot. Hat ihnen die Farbe nicht gefallen oder was? Jetzt sehen Sie sich mal die Kratzer an der Stoßstange an. Ich ruf jetzt mal schnell die Polizei und dann tauschen wir die Versicherungsdaten aus. Wie ist Ihr Name?«

Es war keine sonderlich angenehme Situation oder Begegnung. Aber schlussendlich war es eine Sache, die wir mit Fotos belegten und über die Versicherung klärten. Eine sehr ähnliche Situation spielte sich in der Türkei so ab: »Aaaaldeeer, bist du bescheuert? Guck mal, was du gemacht hast????!!! Hä? De ganze Stoßstange ... eh ... de ganze Auto ist kaputt. Is Totalschaden!! Ja was soll isch denn mache, hä? Du has alles kaputt gemacht! Alles kaputt! Iisch kann de Auto nicht mehr fahre ... Was? Was nur Kratzer!? Ich kann de Auto niisch mehr fahre, Alder. Guck mal hier ... hey!! Mein Goldring is auch weg! Musst du bezahle. Isch hatte hier noch so Goldkette, auch alles weg! Hey, meine Frau auch weg. Musst du alles bezahle!«

Seither habe ich das Autofahren in der Türkei ganz aufgegeben und begnüge mich damit, als Beifahrer meiner Mutter das Spektakel zu beobachten. Obwohl sie den Führerschein in Deutschland erworben hat, passt sie sich in ihrem Heimatort immer ganz ihren Landsleuten an. Ihre Spezialität sind grüne Ampeln in Sichtweite. Sobald sie die Ampel sieht, fängt sie nämlich an, zögerlich und unregelmäßig das Tempo zu reduzieren, obwohl die grüne Farbe ihr eigentlich freie Fahrt signalisieren sollte. Doch schaltet die Ampel auf Gelb, drückt sie schlagartig auf das Gaspedal, was regelmäßig dazu führt, dass sie wegen des verbleibenden Abstands zur Ampel bei Rot über die Kreuzung brettert und ein entsprechendes Hupkonzert auslöst. In der Türkei sehen die meisten Straßenverkehrsteilnehmer die Farbe der Ampeln ohnehin mehr als eine Empfehlung, daher kann ich nicht empfehlen, dort ohne Vorsicht bei Grün über einen Zebrastreifen gehen zu wollen. Das Grün bedeutet nicht unbedingt was, jedenfalls nicht unbedingt das Gleiche wie in Deutschland. Wenn Sie Pech haben und am ersten Tag ihres Urlaubs in der Südtürkei über einen Zebrastreifen laufen, kann es sein, dass Sie als Nächstes die Kacheln in einem türkischen Krankenhauszimmer zählen.

Doch bei allem Wahnsinn auf den Straßen in den südlichen Ländern, was deutsche Autoliebhaber wirklich schockiert, ist die Schweiz. In kaum einem anderen Land sieht man so viele teure Autos wie hier. Eine geballte Super-Pferdestärke-Power auf hervorragend ausgebauten Straßen und Autobahnen. Und was wird mit all den Pferden gemacht? Sie werden in den Stall gesperrt und dürfen ab und zu bei 120 km/h über die Autobahn zuckeln. Bei aller Liebe, aber ich bin mir sicher, dass die Autos der Schweizer in der Nacht heimlich Depressionen haben. Daher liebe ich es, in Deutschland zu fahren. Man kann da so viel Benzin sparen. Einfach mit 100 km/h auf der linken Spur fahren und man wird bald auf die liebenswürdigste Weise mit 160 km/h angeschoben.

Doch abgesehen von den Fahrgewohnheiten der verschiedenen Nationalitäten gibt es da noch die Geschlechterteilung. Ein Auto gilt bis heute noch als etwas Maskulines und so schmücken sich immer noch viele Männer mit ihrem Auto als Statussymbol. Warum eigentlich? Ich glaube, dass das Auto der auffälligste Gegenstand ist, den man unauffällig zeigen kann. Für einen Mann gibt es keinen besseren Gegenstand, seinen Minderwertigkeitskomplex zu kompensieren, außer vielleicht mit der Penispumpe ..., aber die kann man nicht so zeigen. Daher kommt es vielleicht auch, dass sich die Männer gerne als die besseren Autofahrer hinstellen und Sprüche über die Parkkünste der Frauen machen. Wenn die nur wüssten, dass sie ohne Frauen gar keine Autos fahren könnten, würden sie wahrscheinlich kleinere Brötchen backen und die blöden Sprüche vor den Frauen stecken lassen. Ich erzähle daher die Geschichte der allerersten Autofahrt immer sehr gerne.

Okay, Carl Benz (offensichtlich männlich) hat das erste Automobil erfunden, ABER: Der erste Autofahrer der Menschheitsgeschichte der Welt war? Na? Genau, eine Frau! Nämlich Carl's Frau Bertha! Der gute Carl hatte eigentlich schon aufgegeben und sich keine Probefahrt im für ihn noch unfertigen Fahrzeug zugetraut, bis sich Bertha schließlich dachte: »Dann fahr ich halt selber, sonst wird das nie was!«

Tanken musste sie damals noch an einer Apotheke, viele hielten das Automobil ohnehin nicht für zukunftsträchtig: »So viele Apotheken kann man ja gar nicht bauen!«

Man kann sie heute noch selbst nachfahren, die »Bertha-Benz-Memorial«-Route. Sie geht los in Mannheim und führt weiter durch so illustre Ortschaften wie Wiesloch, Nussloch und Schlagloch. In Pforzheim angekommen macht man dann kehrt und fährt durch so wunderbare Ortschaften wie Gondelsheim, Heidelsheim und Altersheim. Etliche Reparaturen mussten nach der ersten Fahrt durchgeführt werden, wovon einige die gute Bertha selber durchgeführt hat!

»Das eine Mal war die Benzinleitung verstopft -- da hat meine Hutnadel geholfen. Das andere Mal war die Zündung entzwei. Das habe ich mit meinem Strumpfband repariert«, erklärte Berta. Ja, siehst du mal, selbst ist die Frau!

Also denken Sie daran, wenn es wieder heißt: Frauen können kein Auto fahren! Ohne den Mut und Pragmatismus einer Frau hätten wir alle keine Autos.

Doch zurück zu meiner Flucherei. Wer kennt das nicht: Man sitzt hinter dem Steuer, geschützt durch etwas Blech und Glas und alle anderen Autofahrer verhalten sich wie absolute Deppen, die entweder die Zahlen auf der Geschwindigkeitsanzeige nicht richtig lesen können oder die Kreiseleinfahrt als ein gefährliches schwarzes Loch einschätzen, in das man besser nicht reinfahren sollte. Ich kann meine Empörung über diese Autofahrer nicht verbergen, und so schaute mich meine Frau schon zu Beginn unserer Beziehung schockiert vom Beifahrersitz an und meinte:

»Geht's noch? Wenn du so weitermachst, brauchen wir Scheibenwischer von innen!«

Ich dachte dann: »Wie kann sie nicht auf meiner Seite sein, sieht sie denn nicht, wie schlecht die fahren?«, wollte aber nicht riskieren, dass sie den ganzen Tag wütend auf mich ist, weshalb ich meinen Groll erstmal runterschluckte. Doch es dauerte nur ein paar Tage, bis ich bei der nächsten gemeinsamen Autofahrt eine Autofahrerin als »reif für den Rollator« beschimpfte und dazu aufrief, ihr den Führerschein sofort zu entziehen. Erschwerend kommt eben dazu, dass ich die Tempobegrenzung in der Schweiz auch als absolute Diskriminierung der heutigen Pferdestärke der Fahrzeuge sehe. Ich musste dennoch lernen, die 120 km/h zu akzeptieren, aber wenn die dann – aus welchen Gründen auch immer – auch noch auf 100 km/h oder 80 km/h (!!!!!!!!!!!) weiter gedrosselt werden, hole ich zu einem Monolog gegen die Schweizer Regierung aus, die ihre Autofahrer im hohen Maße bevormundet und ihnen keine eigene Gefahreneinschätzung zutraut. Dieser Monolog kann sich gerne in die Länge ziehen, bis ich dann irgendwann mit einem lauten »Hör uf!« aus meiner eigenen, aufgeregten Welt rausgerissen werde.

Die Schweiz ist schön, aber halt auch klein. Wenn man nicht aufpasst, fährt man einfach so durch! Und zwei Drittel der Schweiz sind nicht einmal bewohnbar. Kein Wunder wurde hier das Minigolf erfunden, für eine große Golfanlage ist halt kaum Platz. Übrigens wurde auch die WC-Ente von Schweizern erfunden. Fragen Sie mich aber bitte nicht, wie man darauf gekommen ist.

Warum aber bauen die Schweizer eigentlich keine Autos? Autos »Made in Switzerland«? Höchstgeschwindigkeit 120 km/h, das Fahrzeug bremst automatisch ab bei Blitzern, rollt an der grünen Ampel gaaaaanz langsam an, hält automatisch vor Zebrastreifen, wenn ein Fußgänger auch nur andeutet, die Straßenseite wechseln zu wollen. Gerade dies ist besonders wichtig, denn anders als in Deutschland, wo ich an Fußgängern gerne mal mit einer lässig-entschuldigenden Handbewegung vorbeifahre und so tue, als ob ich dermaßen unter Zeitdruck stehe, dass ich die 20 Sekunden nicht aufbringen kann, sie über die Straße zu lassen, lässt dich der Durchschnittsschweizer das gar nicht überlegen. Er läuft einfach über den Zebrastreifen und zwingt dich zur Vollbremsung. Auch das ist anders als in Deutschland, Fußgänger sind klar im Recht, haben Vorrang. Allein schon, wenn er oder sie nur andeutet, über die Straße gehen zu wollen, bin ich als Autofahrer gesetzlich verpflichtet anzuhalten und dem Fußgänger genug Zeit zu geben, sich zu entscheiden.

Was eigentlich total bekloppt ist, denn recht haben oder nicht ist bei der Gefahr eines Hüfttrümmerbruchs eigentlich egal. Doch weil sich so viele Autofahrer dran halten, zähle ich die Zürcher Fußgänger zu den frechsten auf der Welt. Ich fluche aber nicht nur über die Fußgänger. Es gibt da noch ein anderes und politisch eher heikles Thema: die Fahrradfahrer.

Ich bin zwar selbst begeisterter Radfahrer, aber die Gruppe gehört auch mitunter zu den Streitsüchtigsten. Sobald man als Fußgänger oder Autofahrer auch nur einen Millimeter auf dem Radstreifen steht, wird man angepöbelt, als ob man ein Schwerverbrecher wäre. Vielleicht sollte die Bundeswehr in Zukunft über ein Drahtesel-Einsatzkommando nachdenken, die könnten wir in jedes Kriegsgebiet vorschicken, die mähen alles nieder. Oder sie räumen Minenfelder ab, zwei Fliegen mit einer Klappe.

Doch zurück zu meinem Problem: »Ich habe gelesen, dass Narzissmus durchs Autofahren hervorgerufen werden kann«, sagte meine Frau zu mir.

»Ich bin ja nun wirklich kein Narzisst«, schnaubte ich empört zurück.

»Na ja, du fühlst dich schon wie ein Herrscher in deinem kleinen Blech-Imperium, oder? Du herrscht über die Geschwindigkeit, den Weg und rastest aus, wenn die anderen Verkehrsteilnehmer oder die Straßenregelung in deine Entscheidungskraft eingreifen.«

Vielleicht hatte sie recht. Ich kann selber nicht so gut erklären, was genau mit mir hinter dem Steuer passiert.

Aber ich hatte mal Besuch von einem chinesischen Bekannten. Bevor er am Flughafen in mein Auto einstieg, konnte er kein Wort Deutsch. Ich wollte ihm etwas die Umgebung zeigen, fuhr ihn zwei Stunden herum und dann schließlich zu mir nach Hause. Als wir ankamen, begrüßte er meine Frau lächelnd mit einem:»Fahl do, du Pennaaaa!«

Die Beschimpfungen anderer hinter dem Steuer gehörten für mich schon immer zum Autofahren dazu. Ich hinterfragte dieses Verhalten nie. Ist das deutsch? Türkisch? Männlich? Keine Ahnung, ist mir auch egal. Ich stieg eben ein, fuhr los und holte bei der ersten Gelegenheit zum verbalen Schlagabtausch aus. Wobei man das eigentlich nicht wirklich Schlagabtausch nennen kann. Der andere, für mich meist depperte Autofahrer konnte ja nicht wirklich darauf reagieren. Er sieht mich maximal wild gestikulieren und kann sich seinen Teil denken. Und genauso umgekehrt: Wenn er oder sie mich beschimpfen, tja, ich höre es nicht. Und ist das nicht gerade das Tolle daran? Man hat immer die besseren Argumente, behält stets das letzte Wort und muss sich danach nie ärgern, nicht die richtigen Worte gefunden zu haben. Wer von uns will schon, dass der andere Autofahrer bei der nächsten Gelegenheit anhält, aussteigt und für den echten Zweikampf bereit ist, so wie mir das leider dieses Jahr passiert ist: Bei einem»Roadtrip« durch die USA!

Da fuhr ich einmal mit meiner Frau als Beifahrerin eine Hauptstraße entlang. Wir waren ganz vertieft in unser Gespräch, als ich plötzlich eine Vollbremse machen musste, weil sich die Frau im Fahrzeug vor mir in der letzten Sekunde doch dazu entschieden hatte, für einen Fußgänger anzuhalten. Meine brutale Vollbremse war nötig, denn wir kamen nur ganz knapp vor ihrem Kofferraum zum Stehen. Unsere eben noch heiteren Gesichter verfielen in eine Art Schockstarre. Meine liebe Frau erholte sich jedoch schnell von dem Schock und zeigte der Fahrerin vor uns über deren Rückspiegel mit einer gekonnten Handbewegung, was sie von ihren Fahrkünsten hielt.

Im Nachhinein tut mir meine Frau sehr leid, denn Sie müssen wissen, dass sie eigentlich eine sehr harmoniebedürftige und liebe Person ist, die sich in fast allen Situationen total beherrscht. Doch irgendwie muss diese Vollbremsung zu viel gewesen sein für sie. Allerdings hatten wir an dem Tag leider auch Pech mit unserer Gegnerin. Denn es stellte sich heraus, dass diese Frau im anderen Fahrzeug total bekloppt war ... noch VIEL bekloppter als ich. Denn auf das Handzeichen meiner Frau reagierte sie wild gestikulierend, und als sie schließlich weiterfuhr, fuhr sie zuerst nur im Schritttempo, beschleunigte dann anschließend, um dann wieder mehrmals schnell abzubremsen. Sie wollte uns ganz klar provozieren und ich befürchtete, dass das sogar mit einem Unfall enden könnte. Also überholte ich sie in einem ebenfalls nicht ungefährlichen Manöver.

Als wir beim Überholmanöver auf Augenhöhe mit ihr waren, sahen wir der Frau in die Augen. Rückblickend würde ich sie als den Teufel in Menschengestalt beschreiben. Lava spuckend und mit Feuer in den Augen. Meine Erinnerung mag in den Details eventuell etwas dramatischer ausfallen, als es den Tatsachen entspricht, aber der Türke in mir hat bei diesem Buch eben auch Mitspracherecht. Und Türken lieben nun mal Drama! Ihr sehr dunkler Lippenstift machte die Sache halt auch nicht unbedingt besser. Sie sah aus wie eine Ninja, der sich auf den nächsten Kampf vorbereitete.

Nach dem Überholmanöver fühlten wir uns kurz sicher und kicherten über die absurde Situation. Aber dann passierte es, ein Rotlicht. Und der Teufel mit schwarzem Lippenstift hielt hinter uns und: stieg doch tatsächlich aus!

Voller Zorn und Kampfeslust kam sie von hinten auf uns zu und ging sofort auf die Seite meiner Frau, die kurz aufkreischte und ihre Tür abschloss. Nach ein, zwei dumpfen Schlägen gegen die Tür nahm ich meinen ganzen Mut zusammen und stieg aus. Die Frau reichte mir kaum bis zu den Schultern und wog vielleicht ein Drittel von mir. Doch was soll man als Mann schon machen, wenn der Teufel in weiblicher Form vor dir steht? Von außen betrachtet, sah man nur eine kleine dünne Frau und einen großen und, nun ja, wohlgenährten türkischen Mann, die offensichtlich eine Meinungsverschiedenheit miteinander hatten. Ich versuchte, sie von unserem Auto und meiner Frau fernzuhalten, wollte aber auf keinen Fall handgreiflich werden oder wirken, denn mittlerweile standen schon ein paar Schaulustige auf dem Gehweg und beobachteten das Spektakel genüsslich.

In meinem Kopf ließ ich die vielen Situationen aus der Vergangenheit Revue passieren, in denen ich Menschen während des Autofahrens munter beschimpft hatte, und überlegte mir, wie viele meiner damaligen Gegner wohl so einen Dachschaden hatten wie die Teufelsfrau vor mir. Wie oft ich wahrscheinlich einfach nur Glück gehabt hatte, dass der andere mich nicht bemerkt und gehört hatte. Denn egal wie oft ich zum verbalen Schlagaustausch ausbole, für mich war das immer ein mentales Spiel und keine physische Auseinandersetzung. Ich bildete mir immer ein, ich hätte mehr zu verlieren als mein Gegner.

Doch nun stand ich vor dieser Frau und das Einzige, was ich machen konnte, war, meine Hand auszustrecken und sie so auf Distanz zu halten. Doch plötzlich verwandelte sich der Teufel in Drachengestalt in ein Lama und fing an zu spucken. Ja, sie hat doch tatsächlich gespuckt. Es war wie eine Teufelsaustreibung und ich befürchtete schon, als Nächstes dreht sie ihre Fratze um 360 Grad! Es kostete mich eine ganze Menge Selbstbeherrschung, sie nicht in Weihwasser zu ertränken, mal davon abgesehen, dass ich gerade keins dabei hatte. Ich bin absolut gegen Gewalt, vor allem gegen Frauen, aber sie versuchte mich irgendwie in die Ecke zu drängen, ohne, dass ich es wollte. Der einzige Ausweg war die Flucht. Also ließ ich sie einfach stehen und stieg ins Auto. Offensichtlich war das nicht die Reaktion, die sie nach der Spuckerei erwartet hatte, denn sie blieb verdutzt auf der Straße stehen und schaute zu, wie ich losfuhr und dabei beschleunigte so schnell es ging. Als wir aus ihrem Blickwinkel verschwunden waren und schnell in eine kleinere Straße abbogen, nahm meine Frau ein Taschentuch, putzte meine Jacke und sagte:

»Es tut mir so leid, aber ich bin wirklich stolz auf dich. Ich muss zugeben, vielleicht habe ich der Teufelsfrau nicht nur ein Handzeichen gegeben, sondern ›mehr‹ …«

»Was mehr?«

»Ich habe sie bei dem Überholmanöver beleidigt! Sorry, ich bin wohl eine Art Schweizer Vulkan. Lange nix und dann plötzlich gibt es die Explosion. Konnte ja keiner ahnen, dass sie auch noch zum Lama wird. Aber den Selbstbeherr-schungs-Test hast du bestanden.«

Mit Selbstbeherrschung kann man keinen Teufel austreiben. Ab heute haben wir im Auto ein Kreuz, Weihwasser, Silberkugeln und die Bibel. Nur für den Notfall.

Lass uns streiten!

Nach dieser Erfahrung versuchte ich, meine Ausbrüche hinter dem Steuer etwas zu drosseln. Aber so wirklich erfolgreich bin ich dabei auch heute noch nicht und die Scheibenwischer von innen wären vermutlich wirklich keine schlechte Anschaffung.

Schlussendlich zeigte mir die Geschichte, dass man eigentlich nie genau weiß, wer sein Gegner ist und man sich deshalb beim Autofahren nicht unbedingt zu weit aus dem Fenster lehnen sollte. Vor allem wenn, man sich nicht in Deutschland befindet!

Ich sehe das Diskutieren und, ehrlich gesagt, auch das Meckern als etwas typisch Deutsches an. Ich meckere persönlich für mein Leben gerne und sehe es als eine Kunst an, meine Unzufriedenheit im Alltag auszudrücken. Vielleicht ist mein Meckern durch die türkische Ader noch etwas theatralischer als beim Durchschnittsdeutschen, aber im Prinzip ist es genau das Gleiche. Deshalb habe ich mein aktuelles Programm auch »Ausrasten für Anfänger« genannt, denn ich wollte aus meinem ständigen Beschweren, Fluchen und Meckern eine Art lustige Gruppentherapie in Comedyform schaffen. So können mein Publikum und ich uns im geschützten Rahmen über alles und jeden aufregen. Denn ich rege mich ja eigentlich wirklich über alles auf und – wie ich auf Tour gemerkt hab – die Deutschen auch: über öffentliche Toiletten, Staus, Autofahrer, Radfahrer, Fußgänger (je nachdem, wie er oder sie gerade unterwegs ist), über alte Leute, über junge Leute, Kinder, Babys, TV-Sender, Ausländer, Inländer … Je älter ich werde, desto mehr merke ich, wie meine Toleranz für Bullshit und Idioten immer dünner wird. Als Zehnjähriger freust du dich auf die große weite Welt, als Zwanzigjähriger hat man schon ein paar Deppen kennengelernt, als Dreißigjähriger merkst du, dass es sogar eine ganze Menge Deppen sind, als Vierzigjähriger: Oh Gott! Die Deppen wachsen nach!

Die Reaktion meiner Zuschauer zeigt mir, dass ich mit meiner Denke nicht der Einzige in Deutschland bin. Wir regen uns alle auf. Aber während wir uns oft und gekonnt aufregen, auf richtigen Streit haben wir alle nicht wirklich

Bock. Vor allem beim handgreiflichen Streit schrecken die meisten zurück. Auch ich habe mein ganzes Leben lang einen großen Bogen um eine solche Situation gemacht. Natürlich habe mich in den 45 Jahren meines Lebens mit dem einen oder anderen in Deutschland gestritten, aber nie ist es eskaliert. Dafür bin ich viel zu feige. Mein schlimmster Streit in Deutschland endete mit dem Dialog:

Ich:»Verschwinde, oder ...!«

Der andere:»Oder was?!«

Ich:»... oder ... ich verschwinde!«

In meiner Jugend kannte ich einige Halbstarke, die ihr Umfeld gerne mal provozierten, dabei aber immer die Tatsache versteckten, dass sie sich gar nicht gerne prügelten. Einmal hörte ich meinen Kumpel, Yasin, zu einem dahergelaufenen Fußgänger rufen:»Heeeeey, du Spast!! Komm mal hierher!«

Bei dem Spruch fasste man sich standardgemäß an den Sack, das Kinn wurde dabei gleichzeitig nach oben gestreckt.

»Redest du mit mir?!«, fragte der Typ verdutzt zurück.

»Ja genau, du! Willst du auf die Fresse oder was?! Komm her! Nur du und ich, wir beide, alleine! Du und ich!«

Meistens blieb es bei der Provokation, weil der andere einfach ging, so dass Yasin dem dann zufrieden nachrufen konnte:»Ja, besser, dass du abhaust!«

Aber in dieser einen Situation hatte sich mein Kumpel mit dem Falschen angelegt. Der Typ kam tatsächlich rüber und krempelte sich die Pullover-Ärmel dabei hoch.

»Scheiße, der kommt! Muraaaaat! Muraaaat! Murat nicht da? ... äh, okay. Hey du, morgen, um die gleiche Zeit! Du und isch!«, und weg war Yasin.

Während meiner Reisen habe ich gemerkt, dass dieses Ausweichen eines körperlich ausgetragenen Streits nicht unbedingt Standard ist. Vielleicht in Deutschland, aber nicht im internationalen Vergleich gesehen. Wenn Sie also einen auf dicke Hose machen wollen, dann besser nicht in den USA! Yasin hätte dort keine zwei Wochen überstanden.

So reiste ich einmal zur Adventszeit mit meiner Frau nach New York. Die Vorfreude war groß, denn aus Filmen stellt man sich die Stadt zur Weihnachtszeit ja sehr romantisch vor und besonders stimmungsvoll. Stimmungsvoll stimmt vielleicht ... wenn man eine gestresste Stimmung mag. Wir hatten jedenfalls die total bescheuerte Idee, am 23. Dezember in das Einkaufszentrum »Macy's« zu gehen. An dieser Stelle einen gut gemeinten Rat an alle: Machen Sie das auf keinen Fall zur Weihnachtszeit!

Das Macy's bietet eine der größten Einkaufsflächen der Welt, sie umfasst über 116 000 Quadratmeter. Eigentlich ein Paradies, doch nicht kurz vor Weihnachten. Der Laden war bis zur Decke gefüllt mit Menschen, die einerseits einen Tag vor Heiligabend ein Verzweiflungsgeschenk suchten oder andererseits – ich sag's, wie's ist: einfach nur doof waren. Wir gehörten zu der zweiten Spezies.

Meine Frau wollte eigentlich zur Jeansabteilung, wir mussten dafür aber die komplette Parfümerieabteilung durchqueren. Für vier Meter brauchten wir gefühlt zwanzig Minuten. Eingeklemmt in eine Reihe von Menschen, die nach vorne, weiter ins Kaufhaus hinein wollten, aber immer wieder zurück gedrückt wurden von einer Masse, die das Einkaufshaus verlassen wollte. Einige davon zeigten Panik, die meisten waren extrem genervt, ein paar wenige amüsiert. Bei den gut Gelaunten war dafür sicherlich der Eggnog verantwortlich, der vor dem Gebäude verkauft wurde. Noch nie gehört? Das ist die amerikanische Version von Glühwein, nur perverser: Ein Getränk aus rohen Eiern, Zucker, Sahne und einem Schuss Brandy. Schmeckt wie geschmolzenes Eis, von dem man besoffen wird.

Gleichzeitig nahmen die Verkäuferinnen die einmalige Chance war und drückten den Frauen immer wieder Proben von Kosmetika in die Hände. Oder noch schlimmer: Sie versprühten Parfum. Es war ein wahr gewordener Albtraum für alle Sinne.

Nach zwanzig Minuten entschlossen wir uns frustriert, nach allem Möglichen riechend und mit brummenden Schädeln, die Aktion abzubrechen, und planten den Rückzug. Wir drehten uns also um und waren in Kampfeslaune.

Diese lächerlichen vier Meter Distanz sollten doch in unter zwanzig Minuten zu schaffen sein, die Drehtür war ja schließlich in Sichtweite. Wir taten es also den New Yorkern gleich und drängelten, rempelten und fluchten, bis meine Frau schließlich nach fünfzehn Minuten (yes, New Record!) die Drehtür betrat. Es war eine manuelle Tür, man musste sie deshalb anstoßen. Es wundert sicher keinen, dass wir schließlich gute fünf Minuten in dieser Drehtür feststeckten, da sich die Masse davor nicht wegbewegte. Ich befand mich übrigens ein Drehtürabteil hinter meiner Frau, die eigentlich kurz vor dem Ausgang in die Freiheit stand und doch nicht weiterkam. Frustrierend!

In dem Moment hörte ich eine laute Männerstimme »Keep this shit going, guys!« rufen. Gleichzeitig wurde die Drehtür schlagartig und mit ziemlicher Kraft in Bewegung gesetzt. Meiner Frau wurde die Tür in den Rücken gerammt, sie machte einen Satz fast auf die andere Straßenseite. Könnte eine neue Olympische Disziplin werden: Drehtürweitsprung.

Dieser Typ hinter mir also gab der Drehtür einfach einen gewaltigen Stoß. Es war ihm völlig egal, was dabei mit meiner zierlichen Frau oder mit allen anderen Beteiligten passierte. In dem Moment brannte auch bei mir eine Sicherung durch und ich hörte mich nur rufen: »You fucking idiot!« Was so viel heißt wie: »Sie sind kein sehr intelligenter Mensch!«

Als ich mich dabei umdrehte, sah ich zu meiner Überraschung einen circa sechzigjährigen Mann vor mir. »Warum muss ich mir auch immer so komische Gegner aussuchen?!«, dachte ich sogleich.

Sein Gesicht war aufgedunsen und verhärmt, der Körper dick und untrainiert, doch leider war er ziemlich groß und offensichtlich kampfbereit. Er kam wie ein Kampfhund auf mich zu, mit dem Gesicht ganz nahe an meines und fragte: »Who do you call a fucking idiot?«
Übersetzt: »Ich habe Abitur!«

Er hielt seine Hand kurz vor meiner rechten Backe zu einer Faust geballt und fixierte mich mit seinen grauen Augen wie ein weißer Hai. Es ging ein paar Sekunden, bis ich realisierte: Der alte Mann wollte sich tatsächlich mit mir prügeln.

Stellen Sie sich diese Situation mal in Deutschland vor. Schwierig? Ja, denn sie ist völlig absurd. Ein Sechzigjähriger, total auf Krawall gebürstet, will sich prügeln. Habe ich noch nie gesehen, außer bei Ernst August Prinz von Hannover bis Irland.

In der Zwischenzeit hatte sich meine Frau aus den Massen wieder befreien können und sah die heikle Situation. Nach dem Stoß in den Rücken und dem unfreiwilligen Weitsprung war sie wütend, so wütend wie ein Schweizer Vulkan. Sie ging zwischen uns und beleidigte den Mann auf Schweizerdütsch:»Du verdammte huere Schaafseckel, hau ab!« Der konnte die Sprache nicht zuordnen und bis ihm eine Antwort in den Sinn kam, waren wir schon einen Block weiter geflüchtet.

»Streiten, aber in deutscher Manier. Gefällt mir, ehrlich gesagt, besser als der amerikanische Weihnachtskämpfer«, seufzte meine Frau, als wir uns ein paar Blocks weiter erschöpft auf eine Bank setzten.

Sie fuhr fort:»Hätte ihn mein Schweizerdeutsch nicht so verwirrt, wärst du bestimmt noch in einem amerikanischen Gefängnis gelandet. Nur weil dich ein Opa angreifen wollte.«

»Kurz habe ich mir überlegt, den Kugelschreiber in meiner Tasche in die Hand zu nehmen und auf Arabisch zu schreien: ›Ich drücke den Knopf, ich schwör, ich drücke den Knopf!‹«, murmelte ich mit dem Blick auf die gurrenden Stadttauben.

»Super, dann wärst du jetzt auf dem Weg nach Guantanamo! Du wolltest ja schon immer mal in die Karibik.«

»Oh Mann, das ist hier einfach nicht so wie in Deutschland!«

Gut, Terroristen-Sprüche sind nicht nur in New York tabu, auch in Deutschland sollte man damit vorsichtig sein. Aber würde ich mich wirklich akribisch an alle Tabus halten, wäre ich nicht Komiker geworden. Und deshalb bringe ich auch in diese Richtung ab und zu einen Spruch. Wenn es nicht Leute wie ich machen, wer denn sonst?

Denn während uns Angst vor Terror lähmt, ist Heiterkeit nichts anderes als ein biochemischer Prozess, der zum Leben animiert. Durch das Lachen werden wir von Sorgen befreit, gegenüber dem jeweiligen Thema unempfindlicher und schlussendlich sorgloser.

Ich habe ja generell nichts dagegen, dass sich Leute in die Luft sprengen. Sollen sie doch, wenn sie glauben, dass sie damit zu Gott kommen. In allen Einzelteilen … und dann noch Jungfrauen beglücken können, obwohl sie nicht wissen, wo ihre Geschlechtsteile hin gesprengt wurden.

Aber was mich stört, ist, dass sie andere Leute ungefragt mitnehmen! Was soll das? Was ist denn das für eine Kinderstube? Keinen Anstand! Frag doch erstmal:

»Entschuldigen? Ich sprenge mich in Luft, kommst du mit?«

»Wie bitte?«

»Isch sprenge mich in die Luft, gehe nach Hause. Brauchst du nix zu bezahle, habe alles hier. Kommst du mit?«

»Nein, nein danke. Ich lebe sehr gerne. Aber vielen Dank, dass Sie gefragt haben.«

»Okay, schade …«

Generell sind nicht besonders viele Witze über Terroristen im Umlauf. Aber einer meiner absoluten Lieblingskomiker, Billy Connolly, hat für mich den besten bisher gemacht:

Was sagt der Ausbilder zu den Selbstmord-Attentätern: »So, Jungs, passt mal gut auf, ich zeig euch das nur einmal!«

Ich muss gestehen, es war eine Erleichterung, als ich die USA schließlich wieder verlassen konnte. Die dortige Streitkultur war mir einfach nicht geheuer. Und jeder von denen ist auch noch bewaffnet. Die Waffe ist ein Grundrecht der Menschen per Verfassung. Ist doch Schwachsinn! Wenn du weißt, dass die Leute bewaffnet sind, dann bewegst du dich ganz anders durch eine Stadt. Du bist gezwungenermaßen ganz freundlich:

»Hallo Sir! Yes, Sir. Yes. Have a good day. I like America, is a good country! Very nice, Sir! No, you're not too fat, you're just about right.«

Das ist nicht so wie in Deutschland, wo sich öfter mal die Leute, im Speziellen vor allem Nachbarn, ankacken. Weil, was soll denn da dann groß passieren?

»Ha, verklagen Sie mich doch, Sie Blödmann!«, würde der Nachbar vielleicht empört erwidern, wenn du ihn dafür beschimpft hast, dass er dir mal wieder seinen Müll in deine Mülltonne geworfen hat. Aber in Deutschland kommst du mit deinem Leben davon, vielleicht mit einer kleinen Klage, vielleicht mit ein paar Beleidigungen, aber das ist alles, was in Deutschland passiert. Und deswegen streitet man sich auch gerne, weil hey – es passiert ja nichts! Du lebst wenigstens weiter und kannst Dampf ablassen:

»Kommen Sie mal her, Nachbar, jaja, genau, kommen Sie mal her. Sehen Sie das? Das ist ein Zaun. Der trennt Ihr Grundstück von meinem Grundstück. Sehen Sie diesen Baum? Der Baum steht auf Ihrem Grundstück. Dieser Baum hat einen Ast, der ragt auf mein Grundstück. Dieses Laub hier ist von ihrem Baum und liegt nun auf meinem Grundstück. Das habe ich heute Morgen da rübergekehrt. Sie haben es zurückgekehrt und ihre Katze hat außerdem heut in meinen Garten gekackt. Wollen Sie, dass ich einen Anwalt einschalte?!«

Das kannst du in den USA gar nicht machen. Nachbarschaftsstreitereien auf Amerikanisch sehen so aus:

»Nein! Was? Nicht doch, kein Problem, wirklich nicht, nein, bitte nein. Laub kein Problem, können sie alles hier rüberkehren. Was? Die Katze hat hier gekackt? Die ganze Familie kann kacken. Hier vorne, alles kein Problem, aber bitte nehmen Sie die Knarre aus meiner Fresse.«

Ich flog an Weihnachten direkt von New York nach Frankfurt zu meiner Familie und war glücklich, als wir am Flughafen standen und auf unser Gepäck warteten. Ich fühlte mich plötzlich so unglaublich sicher und fernab vom Wahnsinn der Amerikaner.

Doch der Wahnsinn existiert natürlich auch bei uns, aber irgendwie versteckt unter einer Hülle ungeschriebener Regeln, die aber eigentlich bekloppt sind. Beispielsweise eines der Phänomene, welches ich an Flughäfen so gerne beobachte und nach meiner Rückkehr aus den USA mit gedämpfter Begeisterung eben auch am Frankfurter Flughafen registrierte, waren die sogenannten Gepäckbandsteher. Kennen Sie die? Ich persönlich finde die ja extrem nervig. Eine ganz bekloppte Spezies, die aber total zivilisiert zu sein scheint, passiv-aggressiver aber kaum sein kann. Krypto-Aggros eben, aber lassen Sie mich die Spezies genau erklären.

Am besten starte ich damit, daran zu erinnern, dass es aus einem guten und vernünftigen Grund eine ziemlich fette Linie am Boden um das Gepäckband gibt, hinter der sich alle Wartenden positionieren sollten. Bei der Linie handelt es sich nicht um Kunst oder die Selbstverwirklichung eines gelangweilten Flughafen-Mitarbeiters. Es steckt tatsächlich ein Konzept dahinter. Würden sich nämlich alle daran halten, also hinter der Linie zu warten, käme jeder Reisende bequem und ohne Rempeln an seinen Koffer ran, wenn der vor ihm auf dem Band erscheint. Eigentlich eine tolle Sache, die allen Stress erspart.

Doch nicht mit den Gepäckbandstehern. Die stehen direkt am Band und riegeln mit ihren Körpern alles komplett ab. Gern wird auch noch ein Gepäckwagen daneben gestellt. Man will eben gaaannnzzzz sicher gehen, wirklich allein am Gepäckband zu stehen. Dafür ist es dir, der blöd hinter der Linie wartet, völlig unmöglich, an deinen eigenen Koffer heranzukommen. Fehlt noch, dass die ein Handtuch à la Malle auslegen, so nach dem Motto: »Ich habe hier reserviert! Das ist mein Platz! Habe ich vor einer Woche gebucht, mit Blick aufs Gepäckband!«

Wissen Sie, was ich dann mache? Ich drück einfach auf den Not-Aus-Schalter. Jedes Gepäckband hat so einen Not-Knopf. Müssen Sie mal machen. Einfach drücken. Es ertönt ein Alarmsignal und das Kofferband bleibt abrupt stehen. Die Leute rasten in der Regel komplett aus und rufen: »Mein Koffer, mein Koffer, wo ist denn mein Koffer? Ich habe meinen Koffer noch nicht, wo ist mein Koffer?«

Nach ein paar Minuten hasten dann alle zu der Lost-and-Found-Abteilung und wedeln dabei mit ihren Gepäckzetteln. Ich habe dann das Gepäckband für mich allein und kann meinen Koffer oder jeden anderen Koffer, der mir gefällt, in aller Ruhe vom Band nehmen, herrlich! Ich liebe den Not-Knopf. Er wurde praktisch für mich erfunden.

Aber ganz im Ernst, wofür ist dieser Not-Knopf denn sonst da? Können Sie mir das mal sagen? Ein Not-Knopf am Gepäckband, rätselhaft: Falls mal einer der Gepäckbandsteher das Gleichgewicht verliert und auf das Gepäckband fällt, oder was?

»Hilfe, ich komm hier nicht mehr runter. Drückt mal einer den Not-Knopf, bitte!«

Nix da, ab mit dem in den Frachtraum, Sie besitzergreifender Gepäckbandsteher!

Spiegelreflexsyndrom

»Es wundert mich, dass du nicht öfters Ärger kriegst, wenn du unterwegs bist!«, bemerkte neulich ein Kumpel zu mir.

»Was, warum sagst du das? Ich bin doch ein total lieber Typ?«

»Du imitierst jede Kultur und Sprache, die gerade vor dir steht. Den Akzent, sogar die Körpersprache. Und die Leute im Ausland wissen nicht, wer du bist. In Deutschland wird dir viel verziehen, wobei ich mit dir ja nicht mal mehr hier in ein indisches Restaurant gehe.«

Das stimmt übrigens. Mir wird in Deutschland wirklich praktisch alles verziehen. Man könnte auch sagen, kaum einer nimmt mich ernst. Alle denken immer, ich mache Spaß! Was zu 99,9% auch der Fall ist. Aber neulich in einem Restaurant fragte mich die Bedienung:

»Hat's ihnen geschmeckt?«

»Joah ..., geht so«, habe ich ehrlich geantwortet, da der Koch wahrscheinlich grad verliebt war. Denn die Suppe war ziemlich versalzen. Doch die Bedienung antwortete nur:

»HAHAHA! Sie sind so lustig. Ich mag Ihren Humor total! Hahaha, treten Sie bald mal wieder hier in der Nähe auf?«

»Ja ..., ich weiß«, antwortete ich nach etwas Grübeln meinem Kumpel. »Ich habe auch schon eine klare Diagnose für mein Verhalten gefunden: Es handelt sich um ein Spiegelreflexsyndrom.«

»Ein was?!«

»Na ja. Ein zwanghaftes Imitieren des Gegenübers. Der Ethnokomiker in mir will dessen Mimik, Körpersprache und Akzent beherrschen. Das ist auch gar nicht böse gemeint. Es ist eigentlich gar kein Sich-lustig-Machen, es passiert einfach automatisch. Ich liebe nun mal Akzente und Dialekte und mir macht es Spaß, diese zu imitieren, im besten Fall zu lernen. Aber natürlich führte dieses Syndrom schon zu lustigen und vielleicht auch schon brenzligen Situationen im Ausland.«

»So lange dich keiner verklagt deswegen. In der heutigen Zeit ist das doch schon sehr heikel.«

»Ach, komm schon. Wenn dich ein Ausländer nach dem Weg zum Shoppingcenter fragt und dabei ›Entschuldigen,

Shoppingcenter, wo?‹ sagt. Wie antwortest du dann?!«
»Normal … keine Ahnung, was meinst du?!«
»Ich glaube kaum, dass du dann sagst: ›Ich grüße Sie, mein Herr. Lassen Sie mich kurz über Ihre Frage nachdenken, denn ich war selber seit geraumer Zeit nicht mehr in diesen Räumlichkeiten. Die Zeit und mein Budget ließen es einfach nicht zu. Aber ich denke, Sie müssen nach Norden laufen und beim Museum für Kontemporäre Kunst links abbiegen‹?!«
»Hmmm, ja, so würde ich in der Tat kaum mit ihm sprechen …«, erwiderte er sichtlich nachdenklich.
»Genau. Wenn du ehrlich bist, würdest du eher in etwa so antworten: Hier geradeaus, alles Hauptstrass, dann kommt grosse Haus, grosse Haus ist rot, nach grosse rote Haus links abbiegen. Okay?«

Meiner Meinung nach ist das ein ganz normales Verhalten. Es hat für mich auch nichts mit Diskriminierung zu tun. Im Gegenteil, man will schließlich nur sichergehen, dass das Gegenüber versteht, was man zu erklären versucht. Was bringt es ihm oder ihr schon, wenn ich meine herausragenden Deutschkenntnisse präsentiere?!

Ich muss aber einräumen, dass ich dieses Verhalten ziemlich auf die Spitze treibe. Da hatte mein Kumpel wahrscheinlich nicht ganz unrecht. Einmal kam ein französisches Pärchen in Köln auf mich zu. Der Mann fragte in einem breiten französischen Akzent:
»Excusez-moi, Monsieur … öööh, iisch meine, entschuldigen Sie, mein Herr. Kööönten Sie miir sagen, wo iisch finde das Dom?«

Ich schaute ihn an, legte meine Finger theatralisch an mein Kinn und fühlte mich wie Hercule Poirot, der einen verzwickten Fall zu lösen hat. Schließlich antwortete ich ihm, ebenfalls mit dem breitesten französischen Akzent, den ich in meinem kranken Komikergehirn finden konnte:
»Oh… das Dom. Öööh… isch muss kurz nachdenken, Monsieur! Ha, iisch weiß, Monsieur! Der Fall ist gelöst. Sie und Ihre Madame gehen die Rue de la comédie (die Straße heißt tatsächlich ›Komödienstraße‹) hoch und gehen immer

weiter, bis Sie sehen le grand Dome, Monsieur. Das Dom sich befinden rechts, Monsieur. Okay?«

Der Mann war sichtlich irritiert und musste kurz verarbeiten, was er da eben gehört hatte. Schließlich fragte er mich:

»Excusez-moi Monsieur ... aber sind Sie Franzos? Vous parlez français?«

Ich schaute verwirrt zurück, zuckte mit den Schultern und sagte: »Non!«

»Aber Sie schpreschen wie ein Franzos! Warum machen Sie da?«

Ich zuckte mit den Schultern und sagte:

»Isch weiß niisch! Aber isch wünsche Ihnen einen Tag sehr schön.«

Ich machte einen kleinen Knicks vor der Dame, sagte mit gesenktem Blick »Madame!« und lief weg. Ich bin mir ziemlich sicher, dass ich beim Weggehen hörte, wie der Mann »Aschlooooch« sagte.

Neben verschiedenen europäischen Akzenten gibt es den einen exotischen, der mich schon meine ganze Karriere begleitet. Und zwar der indische. Ich kreierte Ranjid schon vor »Was guckst du?!« und bereits in meiner Zeit auf Deutschlands Kleinbühnen brachte ich das Publikum damit zum Grölen. Ich weiß nicht was es ist, aber Ranjid schien irgendwie schon immer in mir drinzustecken und musste einfach raus. Anders kann ich mir das nicht erklären. Wir hatten in Frankfurt damals auch einen tamilischen Jungen in der Nachbarschaft, den ich sehr mochte. Seine Familie war bunt, laut und immer sehr lieb zu mir. Vielleicht ist Ranjid aus dieser Quelle entstanden, oder vielleicht war ich im letzten Leben ein Inder und habe ein spezielles »Karma« mit dem Land? Ich werde nie vergessen, wie mich mal am Flughafen beim Sicherheitscheck ein Inder hinter seinem Monitor anschaute und fragte:

»Sagen Sie, was haben Sie eigentlich mit den Indern zu tun?«

Sein Blick war prüfend, aber auch fasziniert. Ich konnte nichts Schlaues antworten, außer:

»Ich mag die Sprache und vieles an der Kultur ... keine Ahnung.«

Ich will aber ganz ehrlich zu Ihnen sein, vieles mag ich auch nicht an Indien. Das Kastensystem zum Beispiel oder das Konzept des Karmas. Ich habe mich vor vielen Jahren auf die Reise nach Indien gemacht, um etwas mehr zu erfahren und mit meinem Wissen über Indien nicht immer nur an den Oberflächen zu kratzen. Damals war ich Single und entschied mich, allein zu reisen. Das würde ich Ihnen nicht empfehlen, denn Indien ist definitiv nicht wie Deutschland. Der daraus resultierende Kulturschock ist besser zu verpacken, wenn man mit jemandem darüber sprechen kann. In Deutschland habe ich immer irgendwie das Gefühl, dass sich gekümmert wird. Ich weiß nicht, ob das eine pure Illusion ist, aber in mir war so ein Sicherheitsgefühl verankert, dass die Gesellschaft füreinander sorgt. In Indien ist es allein schon die pure Masse an Menschen, die dich einfach verschluckt. Und dann ist da natürlich eine enorme Kluft zwischen den Armen und den Reichen, die ich sonst kaum irgendwo gesehen habe. Doch die Menschen akzeptieren ihr Schicksal, schließlich ist es ihr Karma aus dem letzten Leben. Neben Elend sah ich deshalb auch viel Lebenskraft und Vertrauen in übermenschliche Kräfte.

In Deutschland aufgewachsen, gehe ich mit einer Denke durchs Leben, wonach ich meine gegenwärtigen Umstände ständig verbessern möchte. Doch wenn alles, was einem im Leben widerfährt, Karma eines früheren Lebens ist, darf man ja irgendwie kaum eine Verbesserung anstreben oder groß von einem angenehmeren Leben träumen. Ich kehrte deshalb aus Indien mit einem zwiespältigen Gefühl zurück. So sehr mir die Armut im Land zu schaffen machte, so sehr faszinierte mich die Art und Weise, wie die Menschen das Leben annahmen. Außerdem liebte ich, dass sie die Kühe nicht futterten und sie in vielen Städten einfach so rumliefen. Erinnerte mich an Ranjids große Liebe: Benytha, die Kuh!

Das ganze Thema wäre übrigens wieder ein »Gute-Nacht-Gespräch« für meine Frau, sodass sie wieder nicht ein-

schlafen kann, weil ich sie mit meinen scheinbar tiefgründigen Gedanken belästige. Wobei meine Frau diesem
Thema nicht ganz ausweichen kann, da auch sie etwas
Karma mit den Indern zu haben scheint. Sie liebt nämlich
deren Yoga. Ich muss gestehen, ich habe es auch ein paarmal probiert und es tut mir echt gut. Aber der Anfang war
wirklich schwer.

So machte meine Frau schon einige Jahre Yoga, denn obwohl sie eine schöne Figur hat, mochte sie Sport nie wirklich. Egal, ob Bauch-Beine-Po, Zumba oder Rumba, Tennis
oder Volleyball, irgendwie ging ihr alles früher oder später
auf den Zeiger. Doch nach den Yogastunden kam sie immer total ausgeglichen nach Hause und trug sich schon die
nächste Yogalektion im Kalender ein. Eines Tages sagte sie
zu mir:

»Komm doch mal mit.«

»Wohin? Ins Yoga? Nein danke. Ich bin ein Mann!«

Sie rollte mit den Augen:»Wir haben auch Männer im Yoga.
In Indien machen Millionen Männer Yoga, weißt du?«

»Ja, nee, das geht nicht. Ich bin Türke.«

Sie verschränkte die Arme und hatte einen ›Jetzt bin ich
aber sehr gespannt auf die dämliche Ausrede‹-Blick.

»2009 warnte das türkische Religionsamt vor Yoga, weil es
einsam macht«, fuhr ich fort.

Ihre Arme waren immer noch verschränkt, der Blick genauso genervt.

»Eine Studie hat gezeigt, dass Yoga zu Verletzungen führen
kann …«

»Eine Studie hat gezeigt, dass es am gefährlichsten ist, wenn
man morgens aufsteht und lebt! Komm doch mal mit, du
machst doch sonst keinen Sport.«

»Doch, ich mache jeden Tag Sit-ups! Zweimal, beim Aufstehen und beim Einschlafen.«

Dieser Gag war so überwältigend lustig, dass er mich direkt in die nächste Yoga-Stunde beförderte. Da saß ich nun
auf meiner Yoga-Matte direkt vor der Yoga-Lehrerin. Meine
Frau beugte sich zu mir rüber und flüsterte:

»Tu mir nur einen Gefallen: Benimm dich und werde hier
nicht zum Inder, okay?!!«

Sie spielte auf mein Spiegelreflexsyndrom an, insbesondere auf meine Vorliebe, Inder zu imitieren. Doch obwohl ich insgeheim schon an alte Ranjid-Witze dachte, war die ersten Minuten gar nicht daran zu denken, denn ich verstand überhaupt nix. Die Yoga-Lehrerin fing an mit Atemübungen:

»Jetzt holen wir tief Luft aus dem Wurzel-Chakra, ziehen die Luft durch den Solarplexus und schießen sie aus dem dritten Auge raus!«

»Drittes Auge? Wo is'n das?«, habe ich mir sofort gedacht.

Ich drehte mich um, die anderen in der Klasse wussten offensichtlich genau, wo ihr Wurzelplexus, Solarchakra und das Hühnerauge waren. Alle hatten sie die Augen geschlossen und konzentrierten sich auf ihre Atmung. Hinter mir holte ein Typ so tief Luft, dass ich glaubte, Darth Vader ist im Raum.

»Komm auf die dunkle Seite des Yoga!«, würde er vermutlich gleich zu mir sagen.

Schließlich beendete die Lehrerin die Atemübung und stand vorne an ihrer Yogamatte. Sie sagte betont, aber gleichzeitig mit nervig ruhiger Stimme:

»Fangen wir an mit dem ersten Asana: Uttanasana!«

Ich kicherte sofort los. Meine Frau schaute mich funkelnd an und flüsterte:

»Hör uf! Das ist meine Yoga-Klasse, und ich würde gerne wiederkommen! Lass!! Es!! Einfach!!!«

»Machen wir weiter mit dem Ardha Chandrasana!«

»Tschandrasanaaaaa!«, schrie ich nun in meinem besten indischen Akzent durchs Zimmer.

Die Yogis im Raum schienen gar nicht begeistert. Jetzt schauten mich alle mit böse funkelnden Augen an und gaben mir zu verstehen, dass Yoga offensichtlich eine ganz ernste Sache sei, denn mein Lachen wollte nicht mal Darth Vader erwidern. Ich entschuldigte mich also sofort, auch deshalb, weil ich mit meiner Frau noch irgendwann in diesem Jahr gerne schlafen wollte.

Doch leider sagte die Yogalehrerin dann: »Kommen wir nun zum Adhomukhasvanasana.«

Das war einfach zu viel. Sorry, aber ich bekam einen Mordslachanfall. Meine Frau knirschte nun so stark mit den Zähnen, dass man es im ganzen Raum hören konnte. Schließlich machte Darth Vader seinen Macht-Würgegriff und schmiss mich raus.

Seither haben meine Frau und ich eine Abmachung. Yoga gemeinsam, ja, aber nur zu Hause, wo mich keiner sieht. Unter Ausschluss der Öffentlichkeit sozusagen. Wenn ich dann mal wieder einen Lachanfall habe, lässt sie mich einfach im indischen Style um die Yogamatte tanzen und macht in Ruhe ihre Übungen weiter.

Mein Spiegelreflexsyndrom ist im Alltag vielleicht etwas heikel, für meine Bühnenshow ist es aber schon immer eine wertvolle Eigenschaft gewesen. Denn egal, wohin auch immer ich reiste, ich versuchte die dortige Sprache zu verstehen und deren Laute zu imitieren. Es gibt Sprachen, die sind einfach cool und über die kann man auch nicht sonderlich viele Witze machen. Englisch ist für mich beispielsweise eine ziemlich coole Sprache und zum laut Loslachen hat mich bisher kaum ein englisches Wort gebracht.

Aber dann gibt es Sprachen, die sind das komplette Gegenteil. Wenn es eine Sprache gibt, die ich immer versucht habe zu imitieren, weil sie so komisch ist, dann ist das ganz klar kroatisch. Darüber spreche ich auch gerne auf der Bühne, da praktisch in jeder Show ein paar kroatische Fans hocken und mir aus ihrer Sprache ein paar lustige Worte verraten.

Was die kroatische Sprache so witzig macht? Sie hält ganz klar nichts von Vokalen. Und wenn diese Worte dann noch in Sätze gereiht werden, klingen sie, als würde ein Maschinengewehr feuern. Vielleicht hatten die Kroaten irgendwann einfach ihre ganzen Vokale rausgeschmissen und sie den Finnen gegeben. Oder ein kroatischer Türsteher sagte zu den Vokalen:»Ihr kommt hier nicht rein, nicht mit diesen Schuhen!«

Auf alle Fälle gibt es eine ganze Menge an kroatischen Worten ohne Vokale. Beispiele gefällig?

Garten heißt beispielsweise einfach VRT! Drei Buchstaben und das war's. Und in diesem Garten kriecht ein CRV durch die Erde, das heisst übersetzt nämlich der Wurm. Mit den lustigen Begriffen für Garten und Wurm kann ich persönlich sehr gut umgehen, denn ich stelle mir die Zeit im Garten ganz spaßig vor. Man ist halt im Vrt und tritt auf einen Crv und sagt: »Oh, Entschuldigung, kleiner Crv!«

Aber wissen Sie, was Tod auf Kroatisch heißt? SMRT!

Ernsthaft, SMRT? Sorry, aber das kann ich nicht ernst nehmen. Beim deutschen »Tod« habe ich sofort Respekt. Das Wort »TOD« drückt das Gesicht aus, dass du machst, wenn er vor dir steht:

»OOOOOOOOh! Der Tooooooood«, und so verfällt beim Aussprechen dein Gesicht automatisch in einen schockierten Angstausdruck.

Aber SMRT? Klingt doch eher wie das Geräusch, wenn man mit dem Auto etwas überfährt.

»Pass auf, es ist rot!«

»SMRT!«

»Was war das?«

»Keine Ahnung, aber jetzt ist es smrt!«

Sorry, aber ich könnte den kroatischen Sensenmann niemals ernst nehmen, würde er zu mir nach Hause kommen und mich mitnehmen wollen. Stellen Sie sich vor, der steht tatsächlich vor der Tür und klopft:

Knock Knock Knock!

»Hallo! Ich bin's ... SMRT!«, sagt der Sensenmann in seiner großen dunklen Gestalt und mit tiefer Stimme zu mir. »Es ist Zeit, Kaya! Wir müssen gehen.«

»Oh... armer SMRT. Haben sie dir die Vokale geklaut?«, lache ich heraus.

»Ja ... Ich wollte SMART heißen ...«, sagt er mit geknickter Haltung und Blick auf den Boden.

Von »Smrt« für »Tod« haben die Kroaten wohl auch gleich den Namen für Gestank abgeleitet, der heißt nämlich »Smrd«. Ich frage mich ernsthaft, ob da nicht schon üble Missverständnisse passiert sind.

»Was, Anna ist tot?«

»Nein, sie stinkt!«

Als Ethnokomiker frage ich mich immer, wie die Sprache damals wohl entwickelt wurde und wer genau diese bekloppten Wörter nur erfunden und aufgeschrieben hat. Ich weiß nicht, wie alt die kroatische Sprache ist, aber irgendeiner hat die mal aufgeschrieben. Entweder die Kroaten haben ganz genau hingehört im Leben und die Dinge dann so benannt, wie sie sich im Leben halt anhören. Oder aber, und das wäre der pragmatische Lösungsansatz, sie wollten das Leben einfach abkürzen und schmissen ganz viele Buchstaben raus. Denn aus der deutschen Perspektive lesen sich viele ihrer Wörter wie Abkürzungen. »Blut« heißt zum Beispiel »KRV«. Sieht doch aus wie eine der medizinischen Abkürzungen, die bei einem Bluttest auf der Wertetabelle stehen. Bei einem anderen Wort stelle ich mir aber die Entwicklung so vor. Wahrscheinlich war es eines der allerletzten Worte, das noch zu definieren war, und so wurde der Verantwortliche gefragt:

»Okay, Chef, wir haben nun fast alle Begriffe definiert und doch bleibt eine Sache noch ungeklärt. Was sagen wir für Furz?«

»Furz? Weiß nicht ... lass mal einen fahren ...«

PRD!

»Okay, schreib auf: PRD.«

Und so sagen die Kroaten tatsächlich »Prd« zu ihrem »Furz«. Da liegen sie klangtechnisch wirklich sehr nahe an der Realität.

Das ist aber teuer hier!!

Einer meiner liebsten Sprüche im letzten Bühnenprogramm war:

»Ich möchte mir gerne ein Haus kaufen. Aber ein Haus in der Schweiz kostet so viel wie ein Dorf in Deutschland.«

Und auch wenn der eine oder andere Schweizer bei diesem Kapitel mit den Augen rollen wird, es ist und bleibt schmerzhaft. Die Preise knallen von allen Seiten und machen auch bei der Globalisierung keinen Halt. Denn wieso verdreifachen sogar Internetbuden aus dem Ausland für die gleichen Produkte, inklusive Lagerung im Ausland, ihre Preise für die Schweizer? Wahrscheinlich denken die: »Mit den Schweizern geht das. Ein wahres Paradies der hohen Gewinne.« Der Schweizer Zoll nimmt beim Versand das eh schon überteuerte Paket raus und knallt noch seine Zollgebühr drauf.

Sie merken schon, in solchen Sachen bin ich wahrhaftig Deutscher. Ich möchte nie zu viel bezahlen und freue mich triumphierend, wenn ich ein vermeintliches Schnäppchen gemacht habe. Aus diesem Grund bin ich auch bei jedem erdenklichen Schnäppchen-Newsletter eingetragen und arbeite täglich meine E-Mails mit großer Leidenschaft durch:

»Schaaaatz! Brauchst du neue Wanderschuhe?«

»Wie, was? Warum?«

»Sind gerade im Angebot, könnte dir welche in Schwarz bestellen, aber nur bis morgen!« Meine Frau ist, entgegen meiner Freude, immer genervt, da jede Woche Päckchen geliefert werden und sie nicht glaubt, dass ich am Ende damit tatsächlich Geld spare. Mir egal, Black Friday ist mein Nationalfeiertag, und ich freue mich schon auf Red Thursday und Pink Monday.

Die Schnäppchenjagd bringe ich nicht mehr aus meinem System und so hatte ich mit meiner Frau regelmäßig Diskussionen, wenn es um den Wohnort geht. Sie kommt nämlich nicht nur aus einem teuren Land, sondern lebt in diesem Land auch noch in einer sehr teuren Stadt. In den ersten vier Jahren unserer Beziehung sind wir stolze viermal umgezogen. Mit der Miete konnte ich mich ja irgendwann arrangieren. Selbst ich habe gemerkt, dass ein kleiner Deutsch-Türke keine Mietpreise beeinflussen kann, auch wenn ich noch so laut fluche. Doch wenn der Kaya dann Geld bezahlt, möchte er auch ein super Erlebnis bekommen. Und irgendwie gab es für mich immer wieder einen Grund, den Mietpreis infrage zu stellen.

So zog ich in eine superschöne neue Wohnung mit privilegierter Sicht auf den Zürichsee und war am Einzugstag entsprechend aufgeregt. Wir räumten Umzugskisten hin und her, alberten herum und überlegten, wo wir die Bilder aufhängen sollen. Und da war es, ein bedrohliches Geräusch, das immer lauter wurde und nach einem Luftwaffenangriff klang. Alle waren in Schockstarre, sogar unsere Katze suchte hinter dem nächsten Umzugskarton Schutz. Und da sah ich sie, drei Militärflugzeuge flogen direkt über unser Dach und schossen über dem See pfeilartig in die Luft, bevor sie die Richtung wieder änderten und nochmals eine Runde über den Dächern drehten. Die Kunststücke dauerten rund eine Stunde und endeten mit Standing Ovations meinerseits. Ich stand auf der Terrasse, Hände zu Fäusten geballt und fluchend wie ein Seemann. Die Übung der Schweizer Luftwaffe über unserer Wohnung nahm ich persönlich und dementsprechend wollte ich es auch persönlich mit der Luftwaffe aufnehmen. Mal abgesehen davon, dass ich kein Freund des Militärs irgendeines Landes dieser Welt bin, konnte ich nicht glauben, dass ich, nachdem ich in ein politisch neutrales und seit Jahrhunderten friedvolles Land gezogen bin, tatsächlich eine Luftwaffenübung über meiner Wohnung ertragen sollte. Warum üben die nicht in den Bergen? Im Kriegsfall kann die Schweizer Luftwaffe übrigens nur den See verteidigen. Über was anderes fliegen die nämlich nicht! Egal, der Deutsche kam in mir hoch, heißt, ich wollte mich beschweren.

Noch am gleichen Abend suchte ich im Internet die Seite der Schweizer Luftwaffe und fand schnell eine Telefonnummer. Wutentbrannt tippte ich die Nummer in mein Handy, bis es endlich klingelte. Nach einmal klingeln ertönte eine Männerstimme: »Grüezi, hier spricht die Luftwaffe. Sie rufen außerhalb unserer Betriebszeiten an. Wir sind morgen wieder ab 8 Uhr für Sie da … Tut tut tut tut …«

Ich schaute auf die Zeitangabe auf meinem Mobiltelefon. Es war 17.15 Uhr.

HÄTTEN SIE GEWUSST, DASS DIE SCHWEIZER LUFT-WAFFE BÜROZEITEN VON 8.00 BIS 17.00 UHR EINHÄLT?!!! Das bedeutet, wenn ich die Schweiz angreifen möchte, muss ich das einfach nur für den Abend oder den frühen Morgen planen. Die Seeregion würde ich natürlich meiden.

Nachdem ich über die Absurdität von Bürozeiten einer Luftwaffe ausreichend gelacht hatte, schrieb ich der Truppe dennoch eine gepfefferte E-Mail, auf die ich natürlich nie eine Antwort erhielt. Vielen Dank an dieser Stelle ;-) Sollte ich irgendwann einen Schweizer Pass erhalten, werde ich in der Volksabstimmung gegen neue Flieger stimmen. Weissu Bescheid!

Das Schweizer Militär ist überhaupt eine lustige Sache. Neutral, aber nicht pazifistisch. Rund 2,4 Millionen Schuss-waffen befinden sich in den Schweizer Privathaushalten. Aber keine Munition. Ich frage mich, was man mit Gewehren ohne Munition machen soll? Auf die Feinde werfen?

»Elsbeth, de Find griift a. Bitte hol mer mini Waffe usem Chäller. Ich muess de Feind mit de Waffe bewerfe!«

Trotzdem, Sie sehen, wie viele Soldaten theoretisch bereit stehen, sollte man sie mit Munition ausstatten. Etwas mehr als die deutsche Bundeswehr vorweisen kann. Eigentlich könnten die Schweizer den großen Kanton im Norden klammheimlich erobern. Wie dann Deutschland wohl aussehen würde? Tempolimit 120, die Preise würden sich verdoppeln, überall Altpapierbündelis. Obwohl, wenn man sich in Konstanz so umschaut, dann merkt man schnell: Die Schweizer sind ja schon da!

Nach dem missglückten Start in der neuen Wohnung hinterfragte ich sofort unsere Wohnsituation und sagte meiner Frau, dass ich gerne richtig abgelegen und privat wohnen würde. In der Schweiz ist das aber kaum noch möglich, denn die Wohngebiete sind wirklich ziemlich eng verbaut. Doch ich träumte schon immer von einem großen Stück Land mit einem romantischen Steinhaus in Irland. Die Luftwaffenübung brachte mich dazu, meiner Frau von diesem Traum zu erzählen.

Die Vorstellung, in Irland zu leben, löste bei meiner Frau, wie wahrscheinlich bei vielen anderen Menschen auch, nicht grad die größte Euphorie aus, wobei ich schon sagen muss, dass man dem Land damit Unrecht tut. Die Natur ist spektakulär, die Kultur gesellig und künstlerfreundlich. Okay, das Wetter kann anstrengend werden, aber ist Wetter denn so entscheidend? Okay, wenn du eine längere Wanderung mit Rucksack machen möchtest, kann es sein, dass deine Nerven etwas strapaziert werden. Das Wetter wechselt in Irland nämlich sicher mindestens viermal am Tag:

»Ui, es regnet. Ich ziehe besser die Regenjacke an.«

5 Minuten später: »Oh schön, die Sonnne scheint! Aber ich schwitze ... besser ich ziehe die Jacke aus ...«

10 Minuten später: »Oh nein, was ist denn das jetzt für ein kalter, fieser Wind. Das windet mir direkt auf das verschwitzte Shirt. Ich hätte noch einen Pulli einpacken sollen.«

10 Minuten später: »Und da ist er wieder, der Regen. Habe ich die Regenjacke doch nicht umsonst mitgenommen.«

Ja, das kann schon nerven, aber ohne dieses Klima würden wir auch nicht von der schönen grünen Insel sprechen.

Meine Frau treibt wechselhaftes Wetter in den Wahnsinn. Dennoch konnte ich sie letztes Jahr zu einem weiteren Urlaub auf der grünen Insel überreden. So flogen wir im August nach Dublin. Nachdem ich die erste Nacht fluchend in einem vermeintlichen Schnäppchen-Hotel kein Auge zumachen konnte, da es direkt an der Hauptstraße lag, fuhren wir am nächsten Tag aus der Stadt raus. Ins Grüne. Was meine Frau nicht wusste: Mein Ziel war ein Haus, das zum Verkauf stand. Der Eigentümer willigte ein, uns dort eine Nacht wohnen zu lassen, da es schon länger zum Verkauf stand. Oder wie ich sagen würde: »Das Preis-Leistungsverhältnis passte!«

Erst kurz vor dem Tor zum Grundstück erzählte ich meiner Frau von meinen Plänen. Ich denke, bei einer normalen Paarsituation hätte die Frau erstmal ihre Entrüstung über diesen doch etwas hinterhältigen Plan ausgedrückt. Doch meine Frau musste nur schmunzeln. »Du spinnst doch!«, sagte sie mit einem verschmitzten Lächeln: »Wenn wir so abgelegen leben, machst du dir nachts vor Angst sowieso in die Hose!«

Vom Tor führte eine gepflegte und beeindruckende Einfahrt zu einem großen Haus mit typisch irischen alten Steinmauern. Es kam zufälligerweise auch sogar etwas Sonne durch die Wolken, sodass die grünen Wiesen und alten Bäume neben dem Haus in voller Pracht strahlten. »Das muss ihr doch gefallen!«, dachte ich mir.

Wieso mag ich Irland eigentlich so? Ich mag kein Guinness und bestelle mir auch sonst kein Bier in den Pubs, sondern nippe in der Regel an einer langweiligen Apfelschorle. Ja, mit mir »einen trinken gehen« macht keinen Spaß. Ich vertrage Alkohol nun mal einfach nicht und schmecken tut er mir auch nicht. Einer der wenigen Alkoholika, die ich mag, ist »Baileys«, was wieder für Irland spricht, wofür ich in Deutschland aber gerne ausgelacht werde. Eigentlich mag ich ja auch Sonne und Wärme, doch dieses Grün der Insel und die besondere Vegetation ziehen mich immer wieder an. Auch die keltische Kultur ist faszinierend, Sie würden sich wundern, wie viele dieser Traditionen heute noch Platz in unserem Kalender finden.

So halten wir zum Beispiel das heutige Halloween für eine amerikanische Erfindung, finden dessen Wurzeln aber bei den Kelten. Sie feierten das Ende der Erntesaison und dachten, an dem Tag würden die Toten auf die Erde zurückkehren. Aus diesem Glauben heraus fingen sich die Leute auch an, gruselig zu verkleiden, denn sie wollten von den Toten nicht als Lebende erkannt werden.

Und da wären wir auch bereits bei einem Thema, das auf meiner Bewertungsliste auf der Kontra-Seite stehen würde, müsste ich Irland als potenzielles Auswanderungsland bewerten: die Geschichten über die Toten. Gefühlt soll es in Irland in jedem Haus spuken und jeder Baum wurde Zeuge einer brutalen Geschichte, bei dem der Tote danach nie Frieden finden konnte und dadurch auch nie die Erde wirklich verlassen wollte. Klar, ist doch logisch – oder so.

Ich selbst glaube nicht an Geister, fand eigentlich auch alle Geschichten witzig und erkundigte mich deshalb auch heimlich beim Gärtner des Anwesens, ob es zu diesem Haus auch eine Geistergeschichte gebe. Er lachte auf und sagte: »Jaja, es wird heimgesucht von einem kopflosen Hund!«

Ich dachte: »Das ist die mieseste Spukgeschichte, die ich je gehört habe! Sie ist überhaupt nicht furchteinflößend! Was wird der Geist tun? Nichts! Der arme Hund kann ja nix machen, er hat ja keinen Kopf! Er kann nicht bellen, nicht beißen, nicht an seinem Hintern schnüffeln. Wahrscheinlich war es ein böser Hund, der dazu verdammt worden war herumzulaufen, ohne an seinen Klöten zu lecken. Ist wahrscheinlich der einzige Hund auf der Welt, dem du die Klöten kraulen musst, weil er es selber nicht kann.« Als ich das Haus und die alten Mauern des zu verkaufenden Anwesens sah, fand ich es im leichten Sonnenlicht wunderbar romantisch. Ich freute mich, eine Nacht dort verbringen zu dürfen. Doch dann passierte etwas extrem Unvorhersehbares: Es wurde dunkel. Gleiches Haus, doch komplett andere Wirkung – weil Nacht. Wir waren allein, in einem 600 Quadratmeter großen Haus, auf 20 000 Quadratmeter Land, daneben waren nur Wiesen und Felder. Und, wie mir irgendwann einfiel, auch ein Polterhund. Während meine Frau ab 23.00 Uhr wie ein Engel schlief, machte ich die ganze Nacht kein Auge zu. Überall hörte ich es knacken und klopfen … und … ich schwöre es, ich hörte ein Hecheln. Schließlich weckte ich meine Frau um sechs Uhr morgens und verkündete ihr, dass ich doch unglaublich auf Schweizer Nachbarn stehe und dieses Land hier verlassen möchte.

»Wieso, du liebst doch Irland?«, sagte sie verschlafen.

»Ja, aber nur tagsüber!«, antwortete ich und packte meinen Koffer.

Ein gutes Preis-Leistungs-Verhältnis rauszuholen gehört für mich zum Leben dazu, doch ich entschied mich, dass etwas weniger Wohnfläche und Land (und vor allem weniger Geister) für meine Schlafhygiene doch eindeutig besser sind.

Nur kann man sich nach knapp vierzig Jahren in Deutschland kaum an die Schweizer Preise gewöhnen, findet daher kaum einen Preis gerechtfertigt und könnte den ganzen Tag darüber meckern. Das führt natürlich regelmäßig zu launigen Diskussionen, weil viele Schweizer ihren Markt beschützen wollen. Er scheint ja auch irgendwie zu funktionieren. Das Lohnniveau ist hoch und die Schweizer scheinen ihr Geld auch wieder in die Wirtschaft zu pumpen. So wurde auch ich letztlich etwas »eingeschweizert« in den letzten Jahren und meckere daher mittlerweile auch nur noch in mich hinein, wenn ich für einen Kaffee sechs Franken (!!!!!) bezahle.

Außerdem begriff ich mit der Zeit dann auch als Deutscher, dass die Schweiz im Freizeitbereich einiges zu bieten hat und das, Sie ahnen es vielleicht, sogar gratis. Beispielsweise das Wandern, was ich ja, wie schon einmal erwähnt, wirklich mag. Ich ging davon aus, dass Schweizer das auch lieben, und wollte damals mit meiner neuen Schweizer Freundin sofort auf die Berge rauf, um von dort das Panorama zu genießen. Leider schenkte sie mir nur ein müdes Lächeln und meinte: »Wirklich?! Wandern, hm, ich weiß nicht. Habe ich schon ewig nicht mehr gemacht.«

Offenbar wurde sie als Kind jedes erdenkliche Wochenende auf die Berge getrieben und musste alle möglichen Wanderwege in mühsamer Arbeit abwandern. »Das war mit meinen kleinen Kinderbeinchen gar nicht so einfach. Manchmal heulte ich einfach, damit ich den Rest der Wanderung auf den Schultern meines Vaters sitzen konnte.« Ich stelle mir das wie einen Viehauftrieb vor. Nur anstatt Kühe werden kleine Schweizer Kinder am Sonntagmorgen in aller Frühe die Berge hochgetrieben und dabei müssen sie sich immer anhören:

»Schau dir diese Aussicht an, Urs Junior. Dieses Bergpanorama ist doch herrlich.«

»Papi, ich habe Hunger! Wie lang geht die Wanderung noch??!!«

»Fressi! Da Berge!! Schön!«

Wie es auch war oder ist mit den Wanderungen, meine heutige Frau muss man zu einer Wochenendwanderung immer noch überreden. Aber mir zuliebe macht sie es ab und zu mit, was ich für einen sehr schönen Liebesbeweis halte.

Was mich allerdings immer etwas zum Nachdenken bringt, sind die großen und auch lauten Glocken, die die Kühe um den Hals tragen müssen. Das Thema wurde auch in der Öffentlichkeit diskutiert. Die Schweizer Bauern argumentierten, dass die Glocken nunmal zum Bild der Schweiz gehören würden und deshalb für den Tourismus wichtig sind. Außerdem würden sie so ihr Vieh im Nebel finden können.

Auf der anderen Seite waren die Tierschützer besorgt um das Hörorgan der Kühe und behaupteten, die Kühe würden durch die Glocken taub werden. Mich amüsierten natürlich beide Seiten. Bauern, die ihre eingezäunten Kühe mit Glocken ausstatteten, um sie angeblich wiederfinden zu können, das war schon etwas wirr. Aber auch der Gedanke an einen Hörtest mit Kühen wollte mir nicht aus dem Kopf gehen. Stellen Sie sich mal eine Kuh namens Alma beim Arzt vor. Der Arzt sagt:

»Alma, wenn du ein Geräusch hörst, sag bitte einmal laut MUH. Okay? Gut, los geht's.«

Es ertönt ein ›Ding‹ und Alma schreit »Muuuh«.

Nochmals ›Ding‹ und sofort ertönt seitens Alma ein erneutes »Muuuuuh«.

Dann ein sehr hohes ›Ding‹ und – Stille.

»Ja, es ist eindeutig. Alma, du hörst die hohen Töne nicht mehr, du brauchst ein Hörgerät. Bei deiner Glockengröße übernimmt die Versicherung leider keine Kosten bei einer Hörbeschädigung. Du solltest aber mit deinem Bauern über einen allfälligen Schadenersatzanspruch sprechen – oder dir gleich einen Anwalt nehmen.«

Alma nochmals, diesmal entrüstet: »Muuuuh!«

Warum man Glocken braucht, um die Kühe zu finden, ist mir schon schleierhaft. Es gibt doch Elektrozäune in der Schweiz und die haben es in sich. In Deutschland haben wir auch Elektrozäune und benutzten die als Kinder sogar als Instrument der Mutprobe.

»Hey Matthias, wenn du dich traust, den Zaun anzufassen, bekommst du zwei Mark.«

»Pfff, ist doch keine Sache!«

Er greift dran, zuckt zusammen, alle lachen, alles gut.

Machen Sie das mal in der Schweiz. Für die Kühe in der Schweiz wäre die Stromstärke in Deutschland sehr wahrscheinlich so was wie Wellness. Eine helvetische Kuh würde in Deutschland womöglich ihren Hintern an den Elektrozäunen reiben und sich über eine entspannende Massage freuen.

Ich hielt mich nur einmal aus Versehen beim Wandern an einem Zaun fest und wurde von dem Schlag sofort in die Knie gezwungen. Bei mir bimmelte es dann auch, aber es waren definitiv keine Glocken. Daher möchte ich also behaupten, dass es auch wirklich ohne Glocken geht. Und sollte sich mal ein Tourist beschweren, können wir ja dem eine Glocke um den Hals hängen.

Die armen Kühe. Aber ich habe in der Schweiz nicht nur Kühe, sondern tatsächlich auch ein paar Katzen mit Glöckchen am Halsband rumlaufen gesehen. Machen Sie das nicht. Die Katzen hassen diese Glöckchen total! Auch wenn eine Katze niedlich aussieht, sie ist schließlich ein Raubtier, das sich nachts an ihre Beute anschleichen möchte. Es ist so, als ob man einem lautlosen Ninja ein Glöckchen um den Hals hängt. Um wieder lautlos zu werden, sollen schon Katzen im Raum Zürich gesehen worden sein, die mit einer Tatze am Glöckchen rumschlichen.

Doch um es kurz zusammenzufassen: Ich bin ein Sparfuchs und habe mich eigentlich – natürlich nur rein theoretisch – in die komplett falsche Landsfrau verliebt. Passend für mich wäre eigentlich eine Dame aus dem Schwabenländle gewesen, mit der ich gemeinsam auf Schnäppchenjagd hätte gehen können.

Doch wissen Sie, woran ich merke, dass sie mich wirklich liebt? Es ist der Moment, in dem sie mit Einkaufstüten nach Hause kommt und sagt:

»Schatz, ich kam kurz vor Ladenschluss beim Lebensmittelladen vorbei und habe mir gedacht, ich staube jetzt mal schnell ein paar Aktionen gab. Bist du stolz auf mich?«

Und genau da bin ich vor ihr auf die Knie und habe ihr einen impulsiven und spontanen Heiratsantrag gemacht! – Scherz!! So niveaulos bin nicht mal ich.

Habe ich das gewählt?!

Ganz ehrlich, ich bin nicht in jeder Situation der größte Fan der EU. Doch Europa als multikulturellen Fleck Erde finde ich großartig. Denn ich liebe die unterschiedlichen Sprachen, Traditionen und Menschentypen, die es hier, im Vergleich zu anderen Ländern, in so großer Zahl gibt. Wären wir alle gleich, wäre meine Karriere als Komiker wohl ziemlich mies verlaufen.

Aber politisch bin ich doch etwas kritisch. In Deutschland hast du wenigstens den Hauch einer Mitbestimmung. Immerhin kann man alle vier Jahre wählen und danach sagen:»Das habe ich ja gar nicht gewählt!« Aber wer wählt die EU-Kommissare, Troikas und Sonderkommissionen? Keiner hat mehr so wirklich den Überblick. Und was machen die den lieben ganzen Tag? Sinnlose Gesetze! Wussten Sie, dass es sogar eine EU-Verordnung gibt, wie man eine Pizza zu essen hat? Pizza Napoletana darf maximal vier Zentimeter dünn sein und einen Durchmesser von höchstens 35 Zentimeter haben.

Weitere EU-Empfehlungen im offiziellen Amtsblatt: Die Teigware soll weich und elastisch sein und sich zusammenklappen lassen. Die Pizza bitte sofort nach der Entnahme aus dem Ofen essen. Gott sei Dank haben wir die EU! Ich hätte die Pizza noch liegen lassen, bis sie hart genug ist, um damit Frisbee zu spielen.

Es ist die EU, die tatsächlich europaweit Länge (17 Zentimeter), Breite (56 Millimeter) und Fassungsvermögen (fünf Liter) jedes Kondoms vorschreibt. Angeblich beruht die Regelung auf einer Initiative der Franzosen. Anders kann ich mir die kleinen Maße auch nicht erklären … hüstel.

Sicherlich wurde diese Verordnung in mühsamer Arbeit ausdiskutiert, dann aufgeschrieben und entsprechend abgerechnet. Dafür bezahlt der Bürger doch gerne Steuergeld – unfassbar!

Okay, der Eurokratie-Beispiele gibt es genügend, auf der anderen Seite bin ich aber froh, dass die EU auch sinnvolle Regelungen erlässt. Wie zum Beispiel das EU-Roaming. Plötzlich ist es kostentechnisch kein Problem, das Roaming in EU-Ländern abzuschaffen, da fragt man sich: Haben die Mobilfunkanbieter dann die Jahre zuvor heftigst kassiert? Die Frage ist berechtigt, denn während Anrufe aus dem EU-Land nach Deutschland nach EU-Regelung kostenfrei sind, so kosten Anrufe von Deutschland ins EU-Ausland weiterhin Geld! Warum? Weil die EU nur die EU-Ebene geregelt hat, nicht die nationale. In solchen Fällen bin ich also dafür, dass die EU auch auf nationaler Ebene eingreift – also, wenn es zu meinem Vorteil gereicht.

Trotz meiner EU-Ambivalenz freute ich mich aber damals auf die neuen Euro-Scheine. Wie aufregend, ganz neues Geld! Finden Sie nicht? Ich meine, es gab die Gelegenheit, komplett neues Geld zu gestalten, und ich war gespannt wie ein Flitzebogen, wie sich die Verantwortlichen künstlerisch wohl ausleben würden. Und dann, was kam? Die Scheine waren so kreativ wie eine Steuererklärung. Trotz meiner Enttäuschung wollte ich wissen, was genau hinter den Designs steckt. Also recherchierte ich, was der Gedanke dahinter war.

Haben Sie sich die Scheine schon einmal in Ruhe angesehen? Darauf sind Tore, Türen, Fenster und Brücken. Sie sollen die Verbindung zu den Nachbarländern und die Bereitschaft zu eben dieser Verbindung ausdrücken. Doch wenn ich mich richtig erinnere, wurden die letzten Jahre von den Mitgliedstaaten vor allem dazu benutzt, Möglichkeiten zu finden, eben genau diese Türen wieder zu schließen. Ich frage mich, ob es irgendwann dann wieder neue Scheine gibt, beispielsweise im »EU-Design 2.0« mit verriegelten Türen, Mauern. Und bei den Fenstern die Jalousien unten. Vielleicht noch mit einem Schild: »Du kommst hier nicht rein!«

Wenn ich an die Budgetprobleme der EU denke, erzähle ich immer gerne folgenden Witz: Vor ein paar Jahren besuchte der Bürgermeister einer kleinen griechischen Stadt den Bürgermeister einer ähnlichen Stadt in Spanien. Als er die große Villa des Bürgermeisters sah, wunderte er sich, wie dieser sich solch ein Luxushaus leisten konnte, und hakte vorsichtig nach:

»Das ist unglaublich! Wie haben Sie das gemacht? Das muss doch ein Vermögen gekostet haben!«

Der Spanier antwortete entspannt: »Sehen Sie die Brücke dort drüben? Die EU schenkte uns Geld, um eine vierspurige Brücke zu bauen. Aber indem ich eine einspurige Brücke mit Ampeln an jeder Seite baute, sparte ich Geld, das ich für den Bau meines Haus genommen habe.«

Im nächsten Jahr besuchte der Spanier die griechische Stadt. Er war einfach sprachlos beim Anblick des Anwesens des griechischen Bürgermeisters: Goldene Wasserhähne, Fußböden aus Marmor, es war einfach prachtvoll.

Er fragte beeindruckt: »Fantastico! Mui bien! Das ist ja ein Palast! Wie haben Sie das nur geschafft?«

Der Grieche lächelte breit und erwiderte: »Sehen Sie die Brücke dort drüben?«

Der Spanier antwortete: »Nein.«

Okay, die EU hat ihre Probleme, aber seien wir ehrlich. Kein politisches System ist perfekt. Oder es kann immer nur so perfekt sein wie die Menschen dahinter. Während die USA Millionen für einen Wahlkampf ausgeben, der vom Inhalt eher einer Talkshow aus den 1990ern ähnelt, wenn man die Promis, die Musik, Ballone und Feuerwerke abzieht, wird in anderen Ländern das Geld in den traditionellen Wahlkampfbetrug investiert und keinen juckt es so wirklich. Ich mache auf der Bühne immer gerne mal ein paar Witze über die Politik anderer Länder. Bei der Türkei kläre ich zuvor aber immer erst ab, ob nicht gerade ein Platz im Gefängnis frei geworden ist, weil falls ja, halte ich doch lieber die Klappe.

Manchmal fühle ich mich bei den weltpolitischen Themen sowieso ziemlich machtlos und würde diese ganzen Themen gerne ausblenden. Weil, ganz ehrlich, es macht einfach keinen Spaß, darüber zu reden oder nur alleine schon darüber nachzudenken. Wahrscheinlich habe ich mir aus diesem Grund auch den Beruf »Komiker« ausgesucht, damit ich den ganzen Tag einfach nur Spaß haben kann und die Leute zum Lachen bringen darf.

Es gibt aber zwei Faktoren, die mich nicht in Ruhe die Welt ausblenden lassen. Der erste Faktor sind die lieben Journalisten. Denn auch wenn ich eigentlich nur mein aktuelles Bühnenprogramm anpreisen möchte, lautet in den meisten Interviews die zweite Frage der Journalisten etwa so: »Was denken Sie über die aktuelle Politik der Türkei?«

Gut, hätte ich Politiker werden wollen, hätte ich das gemacht und würde einen meiner Assistenten gut aufgebaute und fundierte Antworten geben lassen. Doch leider bin ich ein Quatschkopf und mache gerne Witze. Verstehen Sie mich nicht falsch, natürlich habe ich eine Meinung dazu. Aber ich kenne mich wirklich nicht in der türkischen Innenpolitik aus. Mich darüber zu befragen ist genauso absurd wie die in Deutschland lebenden Türken, die bei türkischen Wahlen über die Regierungsbildung in der Türkei abstimmen.

Doch auch wenn man mich den ganzen Tag Witze machen lassen würde, hätten so einige politische Themen dennoch Einfluss auf mein Leben, ob ich dies nun möchte oder nicht. An kaum einem anderen Ort spürte ich die Veränderung so stark wie an Flughäfen, wo ich, arbeitsbedingt, leider ziemlich oft bin. Es gibt wohl keinen anderen Bereich, in dem die Sicherheitsvorschriften so hoch sind und bei dem man sich dennoch gleichzeitig so bedroht fühlt. Finden Sie nicht auch oder geht das nur mir so? Die Sicherheitsbestimmungen sind in den letzten Jahren förmlich explodiert, wohl ein Trend, der im Zusammenhang zu den Terroranschlägen steht.

Dennoch, die Einführung der »neuen« Vorschriften ist jetzt auch schon ein Weilchen her und man könnte meinen, dass sie inzwischen bei jedem angekommen sind. Wie lange gibt es wohl schon die Vorschrift, dass man im Handgepäck keine Flüssigkeiten in den Abfertigungsbereich mitnehmen darf? 15 Jahre? Aber die Leute kriegen das immer noch nicht auf die Reihe. Wie oft muss ich mir immer noch Fragen meines Vordermanns oder meiner Vorderfrau anhören, während ich mir die Beine in den Bauch stehe: »Ach, Flüssigkeiten auch?«

»JAAAA!!!! Seit über zehn Jahren!«, denke ich mir dann immer und beiße mir dabei auf die Unterlippe.

»Aber mein Shampoo auch??!! Echt jetzt? Das ist doch mehr gelartig und hat übrigens viel gekostet! Sehen Sie, es ist ein Markenprodukt!«

Der nächste in der Reihe zeigt auf seinen Gürtel. Seinen Gürtel mit fetter Metall-Schnalle.

»Muss ich den auch aufs Band legen?«

Ich denke dann immer: »Ja, dein Hirn kannst du auch gleich noch daneben legen! Da ist wahrscheinlich auch nur Schrott drin!«

Ja, ich habe keine Nerven mehr, wenn es um Flughäfen und deren Passagiere geht, aber ich fliege auch fast wöchentlich und verstehe nicht, warum sich die Menschen nicht einfach informieren. Wir leben ja schließlich im Zeitalter von Google. Wenn schon alle ihre Grippe-Symptome googeln und danach überzeugt sind, sie hätten eine unheilbare Krankheit, könnten sie sich auch gleich alle nützlichen Informationen für die nächste Flugreise heraussuchen.

Kennen Sie diese 360-Grad-Scanner an den modernen Flughäfen? Die sind sehr lustig, sehen aus wie eine überdimensionale Coca-Cola Büchse. Dort muss man sich einfach reinstellen und die Hände hochstrecken, als hätte die Polizei »Hände hoch und still gestanden« gerufen. Sobald man in der richtigen Position steht, saust ein Scanner einmal rundherum, und das Personal kann auf einem Bildschirm erkennen, ob es verdächtige Stellen am Körper gibt. In der Theorie ganz einfach, in der Praxis saukomisch.

In Frankfurt gibt es diese Scanner beispielsweise auch. Ich stand dort wieder mal in der Schlange, vor mir eine ältere Dame und ein türkischer Landsmann. Zuerst stellte sich die Frau in die Büchse und brachte sich, dabei sichtlich verunsichert, in die Position, so wie es das Strichmännchen vor ihr auf dem Schild illustrierte. Doch als der Sicherheitsmann auf den Startknopf drückte und sich der Scanner wie die Rennmaus Speedy Conzales flink in Bewegung setzte, geriet die cirka Sechzigjährige in Panik und drehte sich schlagartig 360 Grad um sich selbst. Neben meiner Angst, sie könne sich was antun, musste ich mir das Lachen verkneifen, denn sie sah dabei aus wie eine alte Ballerina auf Pilzen.

Doch mein türkischer Landsmann toppte die alte Dame bei seinem Auftritt im Scanner noch. Er stellte sich nämlich in die Büchse, drehte sich um, hielt seine Hände hoch, legte sie an die Wand und schrie dann in dieser Position: »Hey, Sicherheits-Chef. Auf was wartest du? Das Ding soll mich filzen!«

Was ich auch total liebe, sind alle, die ihre Koffer aus Kostengründen – oder vielleicht auch einfach nur aus Bequemlichkeit – nicht aufgeben wollen und sich einreden, er wäre für die Handgepäckablage im Flieger klein genug. Vielleicht machen die das, weil ihnen die zehn Minuten am Band zu viel ihrer kostbaren Lebenszeit klauen würden. Denn offensichtlich hat keiner mehr Zeit. Dennoch frage ich mich manchmal, was die Menschen mit ihren extra zehn Minuten eigentlich genau machen würden, wenn sie zu Hause angekommen sind. Gucken sie zehn Minuten länger Fernsehen? Oder haben zehn Minuten lang Sex? Also doppelt so lang wie sonst? Fragen über Fragen, die mir wohl nie jemand beantworten wird.

Mich geht das ja nichts an und es ist auch nicht unbedingt mein Problem, denn ich arbeite ja nicht für eine Fluggesellschaft. Dennoch bin ich halt ein leidenschaftlicher Beobachter und immer auf der Suche nach neuem Material für meine Shows. Daher amüsiert es mich einfach, was alles die Leute als Handgepäck durchzuschmuggeln versuchen und dann das Personal blöd anmachen, wenn sie dabei erwischt werden. Da stopfen die ihren kompletten Hausrat rein, um später am Flughafen zum Bodenpersonal zu sagen:
»Nö, ich hab doch kaum was dabei. Das gebe ich doch nicht auf. Das passt doch locker in die Ablage oberhalb der Sitze. Also bitte …«
»Entschuldigung, aber ihre Couch passt da wirklich nicht rein. Wollen Sie nicht lieber ein Umzugsunternehmen beauftragen anstelle der Lufthansa?«

Wenn Sie in Deutschland gerne über Innenpolitik sprechen wollen oder, besser gesagt, einfach nur einen Monolog dazu hören wollen, dann werden Sie eine Taxifahrt in Berlin genießen.

Ich weiß nicht, was die in Berlin den Taxifahrern ins Getränk schütten, aber die Typen sind echt ein besonderer Menschenschlag. Ich habe selten Bock auf ein Gespräch, denn nachdem ich gerade in einem Flugzeug saß und mich nach etwas Ruhe im Hotelzimmer sehne, brauche ich nicht unbedingt einen Taxifahrer, der mir die Welt erklärt. Aber auf der anderen Seite denke ich immer, die Typen sind irgendwie interessant und jeder von denen hat am Ende doch was zu erzählen.

»Und? Gerade von Köln gekommen?«, fragte mich neulich ein Taxifahrer.

»Nein ... aus Zürich!«, gab ich knapp zur Antwort und nervte mich sofort, dass ich ihm diese Information überhaupt gegeben hatte.

»Oh, Schweiz, Nummernkonto oder Frau?«

»Sind Sie von der BILD?«

»Sorry, war nicht böse gemeint. Ein Kumpel von mir will sich nur gerade von seiner Frau trennen und hat herausgefunden, dass Deutschland voll die super Heiratsgesetze hat. Also für Männer! Solltest du mal heiraten wollen, dann mach das unbedingt in Deutschland.«

»Was für super Heiratsgesetze denn?«, fragte ich und schaute vom Handy interessiert auf.

»Hahaha! Hör genau zu«, lachte er auf, »ich kann den Abschnitt auswendig, der ist super. Hör zu«, wiederholte er stolz und blickte mir über den Rückspiegel beifallheischend in die Augen. Er holte tief Luft und sagte dann:

»Eine Ehe ist nicht gültig, wenn einer der beiden Ehewilligen während der Eheschließung bewusstlos war oder nicht wusste, dass es sich bei der Zeremonie um seine Eheschließung handelt!‹ Ist das nicht großartig?! Mein Freund behauptet jetzt einfach, er wäre besoffen gewesen und dass er der festen Überzeugung war, an der Hochzeit nur der Trauzeuge gewesen zu sein.«

Das muss man den Taxifahrern in Berlin echt lassen. Sie bringen mich immer wieder zum Nachdenken und für mich, den Komiker, sind sie keine schlechte Inspirationsquelle. So habe ich mich danach etwas informiert. Es gibt in Deutschland ungefähr 2300 Gesetze und ich würde sagen, bei einigen davon waren ihre Verfasser wohl wirklich nicht ganz bei Sinnen. Bis Oktober 2017 hatten in Deutschland gleichgeschlechtliche Paare kein Recht auf eine Eheschließung. Aber wenn in einer verschiedengeschlechtlichen Ehe ein Partner das Geschlecht ändert, dann hatte die Ehe nach deutschem Recht weiterhin Bestand!

Geht's noch? Würde heißen, dass bei jedem gleichgeschlechtlichen Paar ein Partner zweimal sein Geschlecht ändert, damit nach der ersten Umwandlung die Eheschließung hätte vollzogen werden können. Oder zuerst der eine und dann zieht der andere nach. Hm, anfangs wollten doch zwei schwule Männer heiraten und jetzt sind es zwei Lesben?

Oder: Hätten Sie gewusst, dass laut Paragraph 41 der Straßenverkehrsordnung blinde Menschen bis zu drei Stunden im Halteverbot parken dürfen? Da fragt man sich nur, wie ein Blinder überhaupt irgendwo parken soll. Und besser noch: Wie er danach wieder wegfahren wird. Doch das für mich witzigste Gesetz Deutschlands ist eines über die Reisen von Beamten. Und zwar steht im Landesreisegesetz für Beamte im Paragraph 3 unter Absatz 4 Folgendes: »Wenn ein Beamter auf einer Dienstreise verstirbt, so ist die Dienstreise beendet.«

Ich meine, Gott sei Dank haben wir dieses Gesetz! Was haben wir nur vor diesem Gesetz gemacht?
»Du, Peter. Hans-Günther kommt seit 20 Jahren nicht von seiner Dienstreise zurück. Was ist nur los mit dem?«
»Du, vielleicht ist er tot!«
»Das ist noch lange kein Grund, die Dienstreise einfach zu beenden. Wo kommen wir denn hin, wenn sich die Beamten nicht mehr korrekt abmelden?«

Doch Deutschland ist im internationalen Vergleich keine Ausnahme, was skurrile Gesetze betrifft. Im Vergleich mit gewissen Ländern scheinen wir sogar erstaunlich normal.

Beispielsweise ist es in Connecticut (USA) verboten, seinen Staubsauger dem Nachbarn auszuleihen. Ich frage mich, wovor hier der Bürger genau geschützt werden soll. Vor staubfreien Wohnungen?

Doch wenn ich ein Gesetz als maximal verstörend klassifizieren sollte, wäre es wohl ein Gesetz aus Australien, das den Umgang mit Kängurus regelt. Und zwar ist in Australien Sex mit einem Känguru strikt untersagt. Es sei denn, man ist betrunken! Was um Himmels willen ist nur mit den Australiern los? Als ich das erfahren habe, habe ich mir ernsthaft überlegt, eine Hilfe-Hotline für traumatisierte Kängurus zu eröffnen.

Heute lebe ich in einem Land, das für mich immer noch eine spezielle Form der Demokratie lebt. Ich bin da als Ausländer nicht mit eingeschlossen, aber meine Schweizer Frau bekommt regelmäßig Post nach Hause, die sie wegen einer baldigen Abstimmung erhält und die sie in der Regel auch genauer studiert. Sie setzt sich damit immer an unseren Esstisch und liest alles durch. Manchmal ist sie unsicher, spricht mit anderen darüber. Manchmal bezieht sie auch mich ein. Im Briefumschlag befinden sich kleine Zettel zu den einzelnen Abstimmungsthemen, auf die man groß »JA« oder »NEIN« draufschreiben und im Anschluss retournieren kann. Als Beilage befinden sich im Umschlag auch immer einige Informationen über die aktuellen Inhalte der Abstimmung und die Meinung des Bundesrates dazu, also die Bundesregierung der Schweiz.

Ehrlich gesagt, habe ich mir überlegt, den Schweizer Pass zu beantragen, nur um auch diese Zettel zu bekommen. Denn Mitbestimmung macht irgendwie schon Spaß. Schauen Sie, ich hatte lange Jahre den Ttürkischen Pass und durfte in Deutschland nicht mitspielen. So etwas hat leider zur Folge, dass man sich für Politik auch nicht interessiert. Was schade ist, denn die Politik interessiert sich für dich: dein Geld, deine Steuern und vor allem: deine Steuern. Als ich dann endlich meinen deutschen Pass hatte, war das nicht so einfach, in das politische Geschehen einzusteigen. Aber gut, ich kann das verstehen. Warum sollte man Gastarbeiter wählen lassen, deren Status ungewiss ist und man nicht weiß, wie lange sie überhaupt in Deutschland bleiben werden. Das wäre genauso bekloppt, wie Türken in Deutschland für die Regierungsbildung in der Türkei wählen zu lassen.

In der Schweiz wird über alles Mögliche diskutiert und entschieden und irgendwie bekommt man dabei das Gefühl, dass man etwas verändern kann. Von einigen Politikern, darunter auch einige aus Deutschland, wurde dieses System der Eidgenossen bereits öffentlich kritisiert. Ich glaube aber, dass es in der Schweiz einen Teil der Kultur ausmacht und daher indiskutabel ist, diese Art der politischen Willensbildung verändern oder gar abschaffen zu wollen. Die sogenannte »Volksinitiative« gibt es nämlich bereits seit über 125 Jahren und ich glaube kaum, dass das Schweizer Volk seine Mitbestimmung einfach so über den Haufen werfen würde, nur damit die Politiker happy sind und diese nervigen Abstimmungsthemen endlich aufhören. Deutschland sollte dieses System nicht kritisieren, sondern dem eher nacheifern ... obwohl, wenn ich mir so überlege, für was gewisse Leute sich dann begeistern würden ... Wahrscheinlich noch mehr »Tatort« im TV.

Im Grunde kann nämlich jeder eine Volksinitiative starten. Wenn meine Frau also ein Verbot von bellenden Hunden in privaten Gärten einführen möchte, kann sie bei der Bundeskanzlei ihre Initiative anmelden und hat dann 18 Monate Zeit, um 100 000 Unterschriften zu sammeln, diese von den Gemeinden prüfen zu lassen und bei der Bundeskanzlei einzureichen. Wenn sie das schafft, müssten sich tatsächlich der Bundesrat und das Parlament mit ihrem Thema beschäftigen, die Initiative lesen und sich darüber beraten, bevor es dann zur Volksabstimmung kommt.

Sollte ich bis zur Rente in der Schweiz bleiben und mich irgendwann einmal in diesem Land langweilen, würde ich wahrscheinlich für jeden noch so kleinen Schrott Unterschriften sammeln gehen:

- Für die Erhöhung der Tempolimite auf den Autobahnen.
- Für eine obligatorische Schallschutzmauer für Hauseigentümer mit bellenden Hunden.
- Für ein Verbot von Gepäckbandstehern.
- Für ein straffreies Überfahren von Smombies.
- Für ein Verbot von Glöckchen an Katzen.

Ich glaub, das wäre dann ein neuer Vollzeitjob für mich. Da aber nicht nur ich bekloppt bin, sondern auch viele andere, gab es in den über 125 Jahren natürlich auch viele ziemlich schräge Abstimmungsinitiativen. Was mir auffällt, ist, dass die Schweizer ständig tierische Themen zur Urne bringen. »Für eine Armee mit Tieren – Brieftaubeninitiative«; »Wolf, Luchs, Bär«; »Zur Hundekotentfernung auf öffentlichem Grund«; »Tiere sind keine Sachen«; »Gegen Tierquälerei und für einen besseren Rechtsschutz der Tiere« und, ganz frisch: »Für die Würde der landwirtschaftlichen Nutztiere. Hornkuh-Initiative«. Das Thema »Tier« ist also eine sehr beliebte Angelegenheit, was mir die Schweizer an sich sympathisch macht. Dennoch kann ich nicht sagen, dass ich die Schweizer wirklich gut einschätzen könnte. Denn ganz ehrlich, was ist das für ein Land, bei dem die Leute gegen eine Aufstockung des gesetzlichen Jahresurlaubs von sechs Wochen stimmen? – »Mehr Urlaub: Nein danke!«

An alle Schweizer: Ich bewundere ja euer Pflichtbewusstsein, aber ernsthaft?

Gibt es hier keinen Promi-Bonus?!

Ich liebe meinen Beruf, denn wer bekommt schon fürs »Quatsch-Machen« Geld? Ich bin ganz ehrlich: Ich kann auch nichts anderes! Ich bin wirklich sehr dankbar und froh, dass ich meinen Beruf habe. Und ich bin auch sehr froh und dankbar, dass Sie den Ihren haben. Ein Entertainer kann nur in einer funktionierenden Gesellschaft existieren. Doch wie schon zuvor erklärt, gibt es eine Sache, die mir eher missfällt. Und das ist, dass ich eine öffentliche Person geworden bin. Die Schweiz stellte deshalb schon immer eine Art Rückzugsort dar, allerdings war ich zu Beginn meiner Karriere in Deutschland auch viel bekannter als in der Schweiz. Dies hat sich die letzten Jahre definitiv geändert, da auch immer mehr Schweizer Augen größer werden, wenn ich neben ihnen in der S-Bahn sitze.

Ja, ich sitze gerne im Zug und habe damit in der Schweiz auch gar kein Problem. Eine meiner Lieblingsgeschichten ist, wie ich mal mit der S-Bahn zum Bahnhof Oerlikon fuhr, weil ich dort einen Auftritt hatte. Ich war aber ziemlich spät dran und fand mich schlussendlich mit ganz vielen meiner Fans in derselben Bahn wieder, die mich nur ungläubig anstarrten. Schließlich waren wir angekommen, ich stieg aus, als ich jemanden bemerkte, den ich für den Abend auf die Gästeliste gesetzt hatte. Er schaute nur verdutzt:

»Sind Sie gerade vom Bahnhof gekommen?«

»Ja, wieso nicht?«

In Deutschland ist das anders. Viele wollen Fotos mit mir, trauen sich aber nicht. Dann schicken sie ihre Kinder vor, die schüchtern und etwas verängstigt nach einem Autogramm fragen. Ich frage dann zurück: »Kennst du mich überhaupt?« Kopfschütteln und verunsicherter Blick zu den Eltern, die einige Meter weiter mit breitem Grinsen sich hinter einer Ecke verstecken.

Andere verwechseln mich konsequent mit Bülent Ceylan. Das passiert aber auch umgekehrt, so erzählte mir Bülent neulich, dass ein Paar zu ihm gesagt habe: »Wir lieben deine Comedy. Du bist der Beste. Und dein bester Witz ist der über deinen Vater. Da wo er immer sagt: Wenn du das kaputt machst, mache ich dich kaputt!« Bülent wusste sofort, dass das eigentlich mein Spruch ist, meinte aber nur: »Ja, das ist mein bester Witz. Lass uns ein Foto machen«, und schrieb mir danach eine amüsierte Nachricht. Ich habe keine bestimmte Zielgruppe. Das liegt einfach daran, dass ich auf alle ziele. Ich möchte mit meiner Comedy wirklich alle erreichen, ob sie dann drüber lachen, ist deren Angelegenheit. So sind meine Fans auch ein wirklich bunter Haufen. Es gibt viele »Was guckst du?!«-Fans, die selbst einen Migrationshintergrund haben und damals dachten: »Hey, da ist doch einer von uns im Fernsehen! Das hat es noch nie gegeben!« Diese Gruppe hält mich für einen alten Kumpel, der es geschafft hat und den man auch gerne gleich in den Arm nimmt. So fällt auch mancher Hotelrezeptionist mal aus seiner Rolle und will mich mit der »Ghetto-Faust« begrüßen.

Meinen Fans habe ich so einiges zu verdanken. Nicht nur die Super-Quoten während meinen mehr als 120 Folgen von »Was guckst du?!« Auch danach wurde ich von vielen dieser Menschen verwöhnt. Denn egal, wohin ich gehe, ich treffe auf viele liebenswürdige Menschen, die es mir etwas angenehmer machen wollen. So werde ich an der Hotelrezeption besonders zuvorkommend empfangen und erhalte außerdem noch eine Extraportion Pralinen auf mein Zimmer, das Mietauto wird mir gerne eine Klasse höher übergeben als von mir gebucht und beim Italiener werde ich bekocht, als ob ich ein verschollener und wiedergefundener Bruder wäre. Durch Deutschland zu touren ist dank dieser Menschen sehr viel angenehmer und, ehrlich gesagt, ich habe mich daran auch ziemlich gewöhnt. Nehmen Sie mir das bitte nicht übel, aber der Mensch ist ein Gewohnheitstier, ich ticke da nicht anders.

In der Schweiz hingegen musste ich mich zunächst daran gewöhnen, dass der Eidgenosse zwar grundsätzlich nett ist, Prominenz in diesem Land aber etwas anders gehandhabt wird. Generell habe ich das Gefühl, dass der Schweizer denkt:

»Oh, das ist doch der aus dem Fernsehen ... Aber auch der stinkt auf dem Klo.«

Und damit ist dann auch gleich der Promi-Bonus weg. So stand ich eines Tages beim Einkaufen an der Kasse und die Kassiererin scannte meine Lebensmittel.

»Piep...Piep...Piep...« Plötzlich schaut die Kassierin zu mir hoch, kurz runter und dann nochmals mir direkt ins Gesicht. Ihr Blick signalisiert mir sofort, dass sie mich erkannt hat. Sie lächelt verschmitzt, blickt wieder nach unten und scannt ein weiteres Produkt, bevor sie mit schüchternem Lächeln fragt: »Sind Sie der aus dem Fernsehen?«

»Ja, der bin ich.«

»...Ah... guet.«

In dem Moment zückte ich schon den Stift aus meiner Jackentasche, bereit ein Autogramm auf meinen Kassenbeleg zu kritzeln. Doch als ich sie, mit dem Stift in der Hand, erwartungsvoll anschaute, fragte sie nur:

»Sammeln Sie Märkli?«

»Was?!«

»Sammeln Sie Märkli? Diesen Monat können Sie sich ein Geschirrset gratis abholen, wenn Sie genug Märkli gesammelt haben! Das ist ein wirklich hochwertiges Geschirrset«, erklärte sie mir begeistert.

»Ähh, ja klar. Geben Sie mir die Märklis bitte ...«

Und so lief ich mit den Märklis und immer noch mit dem Kugelschreiber in der Hand aus dem Laden und fühlte mich so richtig bescheuert. Gott sei Dank konnte ich am nächsten Tag wieder nach Köln fliegen, um mich als Star zu fühlen.

Ich muss aber gestehen, dass ich auch in der Schweiz ein paar absurde Szenen erlebt habe. Wir haben zwar einen Garten, doch der berühmte grüne Daumen ist bei uns eher rot-weiß kariert als grün. Aus diesem Grund sieht alles auch eher wie ein verwunschener Zaubergarten aus und weniger wie ein Schweizer Vorzeigegarten. Wir hatten auch immer wieder mal Pech, beispielsweise ist uns eine Hecke komplett weggestorben, weil irgendein fieser Pilz sich genau unsere Hecke ausgesucht hatte und die »Anti-Gift-Einstellung« meiner Frau ihm vollen Spielraum ließ. Auf alle Fälle sah unsere Hecke bald aus wie das

Opfer einer Jahrhundertdürre. Es standen nur noch jämmerliche braune Skelette der einst prächtig grünen Pflanzen im Garten. Mit diesem dramatischen Massensterben verabschiedete sich natürlich auch unser Sichtschutz und damit unsere Privatsphäre. Wir wohnen an einer ruhigen Straße und glücklicherweise sind die meisten zu faul (oder zu beschäftigt) für Nachmittagsspaziergänge, weshalb wir auch keine gaffenden Spaziergänger haben. Doch womit wir nicht gerechnet hatten, waren die Müllmänner, die dachten, sie könnten mich mit ihrer Partystimmung für sich gewinnen.

Wir wohnten schon eine Weile in dem Haus und hatten bislang nur wenige unangenehme Zwischenfälle erlebt. Zweimal klingelten Jugendliche und fragten nach mir. Meistens bin ich auch gar nicht zu Hause, weshalb meine Frau dann ruhig erklären muss, dass der Onkel Kaya auf Arbeit ist, aber in seiner Freizeit auch gerne etwas Ruhe genießen würde. Daher ist Klingeln um Mitternacht etwas schwierig.

Einmal klingelte ein Paketservice. Meine Frau öffnete ihm euphorisch die Haustüre, sie erwartete eine Online-Shopping-Bestellung.

»Sind Sie Frau Yanar?«

»Ja!«

»Also Sie sind Frau Yanar?«

»Ja ... kann ich mein Päckli bitte haben?!«

Plötzlich raschelte es im Gebüsch und ein zweiter Mann mit einem Handy in der Hand tauchte plötzlich auf.

»Was um Himmels willen geht hier vor?!«, sagte meine Frau verunsichert.

»Ist Kaya zu Hause?!«

»Nein ... Nein! Ist er nicht. Und selbst wenn, was wollen Sie?«

»Nur ein Foto. Ich bin auch Türke!«

»Und auch unverschämt! Wollen Sie gleich ins Gästezimmer einziehen?!«

Meine Frau war über den Vorfall so wütend, dass sie das Paket erst nach einer Woche öffnete. Das arme Päckli tat mir leid.

Bei den Müllmännern lief es so ab, dass sie plötzlich anfingen wie wild zu pfeifen, wenn sie in die Nähe unseres Hauses kamen, und außerdem laut meinen Namen riefen. Meine Frau hielt das drei Wochen jeden Donnerstag aus, erzählte mir aber nichts davon. Ich war ja nie zu Hause und sie befürchtete zudem, dass ich sofort zu den Männern rennen würde und zwar mit dem Kugelschreiber in der Hand, dabei laut arabisch fluchend ... Na, Sie wissen schon. Gleichzeitig machte ihr die Situation aber auch Angst. Sie fühlte sich in ihrer Privatsphäre angegriffen.

Die Woche nach dem letzten Vorfall war ich schließlich zu Hause, nichtsahnend und beim Kofferpacken im Untergeschoss. Ich hörte es zwar pfeifen, dachte mir aber nichts dabei. Für meine Frau war dies aber das Zeichen, sich hinter der Küchenzeile mit Blick auf den Garten zu positionieren. Und so harrte sie angespannt aus, bis sie den Wagen sah, als er um die Kurve bog. Und tatsächlich: Die Müllmänner pfiffen, was die Backen hergaben, und riefen dabei laut: »Kaya!«

Doch bei meiner Frau führte etwas anderes zum totalen Eklat. Der Müllwagen hatte mittlerweile gestoppt und ein Müllmann schob zwei der braunen Wüsten-Skelette, die mal unsere Heckenbäumchen gewesen waren, zur Seite, um seinen Kopf dazwischen durchzustecken. Das ging nun endgültig zu weit. Meine Frau stürmte in den Garten und fing an zu schreien:

»Was soll der Blödsinn jeden Donnerstag? Die nächste Vorstellung ist im Theater 11 in Zürich und nicht hier! Kauft euch doch einfach ein Ticket, dann könnt ihr dort klatschen und johlen!«

»Hmm?«, reagierte der Mann nur verdutzt. Er sah aus wie ein kleines Kind, der bei einem Streich erwischt worden war und nun alles bereut. Doch bei meiner Frau brannte nun der Zorn lichterloh, sie schrie weiter und lief dabei wild gestikulierend im Garten herum.

Ich hörte dies bis in mein Zimmer. All meine Alarmglocken fingen sofort an zu läuten. Bevor ich es selbst richtig realisierte, rannte ich schon zu ihr hoch in den Garten, immer noch im Pyjama. Wie aus der Pistole geschossen, hörte ich mich rufen:

»Hast du nach meiner Frau gepfiffen, du Penner?! Gleich pfeift es richtig und zwar an deiner Backe!«

»Nein, Kaya. Er hat nicht nach mir gepfiffen«, sagte meine Frau sofort zu mir.

Aber ich war jetzt so richtig in Fahrt gekommen, unmöglich, mich zu stoppen:

»Du pfeifst auch gleich und zwar aus dem letzten Loch!«

»Kaya! Nein ... geh rein!«

Zum Glück fuhr der sichtlich schockierte Lenker des Fahrzeuges endlich weiter und meine Frau schob mich zurück ins Haus.

»Pfeifen nach meiner Frau, keinen Respekt«, schnaubte ich, immer noch in voller Fahrt.

»Mein Gott, wie oft noch: Nein, keiner hat mir nachgepfiffen. Du solltest nicht rauskommen!!! Die pfeifen immer nach dir!«

»Oh...ah, so!«

»Ja...ah, so!«

»Egal, meine Reaktion wäre dieselbe gewesen ...«, erwiderte ich trotzig.

Sie sehen also, nicht immer sind die Leute so cool wie die so freundlich-scheue Kassiererin an der Supermarktkasse. Aber ich muss hinzufügen, danach haben die Müllmänner nie wieder gepfiffen und sich auch kaum noch getraut, unseren Müll abzuholen. Manchmal hatte ich wegen des Vorfalls ein nachträglich schlechtes Gewissen. Aber meine Frau regt sich nun mal fast nie auf, und wenn, dann hat sie dafür einen guten Grund. Und der temperamentvolle Türke in mir sieht seine Frau in einer Notsituation und geht halt sofort zum Angriff über. Auch wenn er nicht immer weiß, worum es eigentlich geht.

Meine Frau konnte es danach nicht sein lassen, sich bei der Müllentsorgungsfirma auch schriftlich zu beschweren. Gemäß der offiziellen Erklärung des Betriebs konnte der Müllwagen nicht weiterfahren, weil vor ihm ein Umzugswagen die Straße blockiert habe. Beim Warten wurden die

Müllmänner vor Langeweile dann wohl etwas übermütig. Bei meiner Frau kam nach dieser Nachricht sofort wieder Zweifel an sich selbst auf:

»Ich hätte nicht so ausrasten dürfen, findest du nicht auch?«, fragte sie.

»Schatz, die haben drei Wochen jeden Donnerstag gepfiffen und unsere eh schon komplett lädierte Hecke zur Seite geschoben, um bei uns reinzuglotzen. Klar lässt du da irgendwann Dampf ab.«

»Ja, stimmt, aber an dem Tag müssten doch auch neue Nachbarn eingezogen sein. Die haben sich bis heute nicht vorgestellt.«

»Wir könnten ja mal unsere Köpfe durch deren Hecke schieben ...«

Plötzlich Deutscher!

Nach einem Auftritt in der Schweiz las mir meine Frau eine Rezension aus der lokalen Zeitung vor mit dem Titel: »Zum Schreien komisch! Ein Deutscher hält uns den Spiegel vor!«

»Baby, wer ist das? Hört sich lustig an ...«, sagte ich damals zu ihr.

»Das bist du, du Vogel! Er schreibt über dich!«

»Über mich? Ein Deutscher ...?!«

Ich war ehrlich verwirrt. Ich hatte schon etliche Zeitungsrezensionen gelesen, aber in keiner hatte man mich als Deutschen bezeichnet! Als DeutschTürken, TürkDeutschen, TeutoTürken, TurkoGermanen oder Kanaken, alles schon da gewesen – aber als Deutschen? WTF?!?

Ich musste erstmal nachdenken und meine Gefühle sortieren. Knapp vierzig Jahre lebte ich in Deutschland und war noch nie von jemandem »Deutscher« genannt worden. Doch kaum wandere ich aus, bin ich plötzlich Deutscher? Wenn also der geneigte Leser dieses Buches zufällig einen Migrationshintergrund haben sollte und gerne als Deutscher gesehen werden würde, dann habe ich einen Tipp: Wandern Sie einfach aus! Dann können Sie Ihre Spuren verwischen. Es wird Sie jeder fragen: »Woher kommen Sie?« Und das wird dann Ihre Nationalität werden, während die Herkunft ihrer Eltern in den Hintergrund tritt.

Auch wenn ich reise und dabei Menschen begegne, sehen mich viele einfach als deutschen Komiker. Bei meinem Beruf werden sie schnell etwas stutzig. Ein Komiker aus Deutschland? Meistens warte ich schon zu Beginn des Gespräches auf die vermeintliche Frage: »Haben denn die Deutschen überhaupt Humor?« Mein erster Gedanke ist dann immer: »Klar haben die Humor, was soll diese Frage? Natürlich! Schließlich schauen sie einem Türken zu, wie er Witze über sie macht, und bezahlen dafür auch noch Geld!«

Aber im Ernst, einer ganzen Nation vorzuwerfen, sie hätte keinen Humor, ist doch absoluter Schwachsinn. Vor allem, wenn man sich etwas tiefer mit dem Thema beschäftigt. Und ich wäre kein Komiker aus Leidenschaft, hätte ich das nicht gemacht. Es gibt eine ganze Reihe von Soziologen, Psychologen, Philosophen und Ornithologen, die sich mit der Frage, warum Menschen eigentlich lachen, beschäftigen und ihre Theorien dazu aufgestellt haben. Der Philosoph F. Lisson beschreibt den Humor sehr schön, indem er ihn als »Abwehrmaßnahme gegen die Zwänge des Lebens« sieht. Der Witz befreit den Menschen für kurze Zeit von Normen, Regeln und Gesetzen, die er im täglichen Leben einhalten und bewahren muss. Durch den Witz kann man praktisch über jedes Thema, sei es noch so ernst, lachen und so ein paar Zwänge, zumindest für den Moment, ablegen. Mein bekloppter Vater beispielsweise verhielt sich in sehr vielen Situationen überhaupt nicht kindgerecht oder, milder ausgedrückt, pädagogisch nicht besonders wertvoll. Aber mit seiner übertriebenen Strenge und auch mit seinem teilweise totalen Irrsinn war er ein perfekter Nährboden für Comedy. Wer weiß, mit einem anderen Vater wäre ich heute vielleicht Pilot oder Busfahrer. Busfahrer war übrigens mein Traumberuf als Kind. Doch dazu kam es nicht.

Wissen Sie, wie ich gemerkt habe, dass man über die Geschichten meines Vaters lachen kann? Mein rumänischer Schulkamerad und damals bester Freund, Vlad, kam mal bei mir vorbei. Ich wollte mich eigentlich einfach nur bei ihm über meinen Vater auskotzen. Ihm alles erzählen und etwas Trost bekommen. Doch als ich anfing, die Geschichten zu erzählen, fing Vlad irgendwann an zu lachen. Er hielt sich den Bauch, ließ sich auf das Bett fallen und sogar Tränen schossen ihm in die Augen.

»Hey, was soll das? Die Sache ist doch ernst ...«, fragte ich ganz verdutzt.

»Sorry Kumpel. Es tut mir so leid. Aber du machst deinen Vater so lustig nach. Ich kann einfach nicht mehr!«, prustete Vlad zwischen seinen Lachern hervor, immer noch seinen Bauch haltend.

Nachdem ich kurz darüber nachdachte, musste auch ich lachen und machte einfach weiter mit den Vater-Geschichten. Und konnte so das erste Mal so richtig über alles lachen.

Lisson geht mit seiner Theorie noch etwas weiter und beschreibt die Heiterkeit als wichtige Überlebensfunktion der Menschen. Durch den Humor und die Heiterkeit begegnet der Mensch den Hürden des Lebens nämlich mit mehr Optimismus und Motivation. Humor ist also kein Luxus oder eine Nebenbeschäftigung, er stellt eine Notwendigkeit dar und lässt uns das Leben mit all seinen Tücken und Untiefen überhaupt meistern. Genau deswegen ist es für mich auch absolut logisch, dass Humor in jedem Land vertreten ist. Wir brauchen ihn alle! Klar, ein Chinese wird vielleicht nicht über den genau gleichen Witz lachen wie ich, aber lachen müssen wir früher oder später beide.

Auch Sigmund Freud hat ein ziemlich interessantes Buch zu dem Thema geschrieben, nämlich »Der Witz und seine Beziehung zum Unbewussten«. Ich finde den guten alten Dr. Freud zwar teilweise ziemlich bekloppt, würde ihn aber dennoch oder genau deshalb gerne kennenlernen. Wäre er heute noch am Leben, müsste ich ihm wahrscheinlich eine wichtige Frage stellen:»Denkst du ernsthaft, dass irgendeine Frau da draußen auf deinen oder meinen Penis neidisch ist?«

Bei mir ist es nämlich eher umgekehrt. Ich bin neidisch auf Brüste. Hätte ich welche, würde ich den ganzen Tag damit rumspielen. Daher ist es gut, dass Männer keine haben, die Straßen wären leer, die Arbeit würde nicht getan werden und Sie würden dieses Buch nicht in der Hand halten.

Die berühmte Penisneid-Theorie von Freud passt aber gar nicht so richtig in dieses Kapitel, daher lass ich das jetzt auch einfach so stehen. Aber sein Buch über den Witz ist schon sehr interessant und Sigmund beweist darin wahrhaftig Humor. Seine Begeisterung für den Witz kann man da richtig herauslesen. Auch er spricht über Zwänge, die den Menschen im täglichen Leben wie ein Schatten verfolgen und uns Energie kosten. So kann beispielsweise ein unglücklich verheirateter Mann am Stammtisch mit seinen Kumpels über einen eher platten Frauenwitz herzhaft lachen. Zu Hause würde ihm die Ehefrau für genau diesen

Witz wahrscheinlich die Ohren langziehen und eine Woche auf der Couch schlafen lassen.

Was Freud und Lisson auch noch gemeinsam haben, ist, dass für sie Heiterkeit und Humor zwei soziale Phänomene sind, welche die Menschen nur gemeinsam erschaffen können. Und laut Freud muss ein Witz geteilt werden. Genau deshalb brauche ich mein Publikum und mein Publikum braucht mich (also wenn es nicht gerade bei einem anderen Komiker sitzt und sich unterhalten lässt).

Ich gebe alles, damit jeder im Saal lachen kann, durch das Lachen der Zuschauer werde ich selbst total heiter, obwohl ich denselben Witz sicher bereits hundertmal erzählt habe. Ganz ehrlich, ohne Publikum würde man in dem Beruf ja total wahnsinnig werden. Aber das Lachen der Menschen ist auch für mich immer wieder ansteckend und nur deswegen ist es ein so wunderschöner Beruf.

So schreibt Freud, dass sich in der Regel kein Mensch damit begnügt, einen Witz nur für sich alleine zu kreieren und zu behalten. Der Drang, diesen Witz in der ganzen Welt zu verteilen, ist einfach stärker als etwaige Bedenken, der Witz könnte dem Gegenüber nicht gefallen. Freud erklärt dies damit, dass man durch das Lachen des Zuhörers an den Moment erinnert wird, in dem man den Witz selber das erste Mal gehört hat. Diese Erinnerung löst Heiterkeit aus und zudem ist das Lachen anderer einfach ansteckend. Bei der Geschichte mit Vlad war es damals sicher sein ansteckendes Lachen, das mir half, meinen strengen Vater in freundlicherem Licht zu sehen. So konnte ich meine ganzen Ängste einfach weglachen.

Heute muss neben meinen Fans vor allem meine Frau als Publikum dienen. Besonders in der Sommertour-Pause belästige ich meine Frau ständig mit allen möglichen Witzen, nur um ihr ein Lachen zu entlocken. Mir fehlen in dieser Zeit einfach die Lacher meiner Fans. Lachen ist für mich einfach das schönste Geräusch auf diesem Planeten – neben einem kräftigen Furz! Jetzt haben Sie gelacht, oder?

Ich kann verstehen, dass nicht jeder Mensch das Interesse oder die Zeit hat, sich mit dem Thema Humor so zu beschäftigen, wie ich das gemacht habe. Aber immer wieder diese Skepsis gegenüber den Deutschen und ihrem angeblich fehlenden Humor verstehe ich nicht ganz. Woher dieser doch eher enttäuschende Ruf? Vielleicht sind die Rollen der deutschen Schauspieler schuld, die sie oft in ausländischen Filmen spielen dürfen. Denn was sind wir in Deutschland stolz, wenn's mal ein Schauspieler nach Hollywood schafft?

»Wir haben auch gute Schauspieler. Der hat's bis nach Hollywood geschafft!«, liest man dann gerne in der Presse. Aber ich denke mir dann gleichzeitig: »Ja, der hat's bis nach Hollywood geschafft … um einen Nazi zu spielen. Yeah. Was sind wir stolz. Vielen Dank, Hollywood.«

Klar, auch als böser Nazi kann man schauspielerisch brillieren, dennoch finde ich das diskriminierend. Ich finde es teilweise unfassbar! Ein deutscher Schauspieler schafft es mal nach Hollywood und darf dann nur einen Bösewicht spielen. Und ich frage mich regelmäßig sowieso, wie Deutsche eigentlich einen Bösewicht spielen können, denn wenn sie ihren Dialog in Englisch sprechen, haben sie immer dieses lustige »TH-Problem«. Statt »the« sagen sie »se« (the). Das ist doch eigentlich ein total lustiger Akzent; das ist doch nicht böse. Gefühlt hatte James Bond rund fünfzig Bösewichte, von denen vielleicht 25 Deutsche waren. Und alle mit so einem »se«(the):

»Mister Bond, you did not sink (think) sat (that), hä?« Hihihi. »I slit your sroat (throught) a sausend (thousand) times«.

Mit Sicherheit gibt es Outtakes von Sean Connery, wie er sich bei Gert Fröbes Englisch wegschmeißt vor Lachen.

Wenn Deutsche schon Bösewichte spielen sollen, dann bitte jemanden, der wirklich richtig cool böse ist. Darth Vader zum Beispiel, gespielt von einem Deutschen. Das möchte ich mal sehen:

»Luke, I am your faser (father)« … »hey, stop lasing (laughing)!«

Aber trotzdem, ich liebe alle Arten von Filmen. Egal, aus welchem Land sie kommen. Ich mag aber besonders Bollywood-Filme. Kennen Sie Bollywood-Filme? Bollywood nennt man den indischen Film. In Anlehnung an

Hollywood und kombiniert mit dem Namen Bombay, dem alten Namen des heutigen Mumbais. Die Stadt wollte sich mit der Umbenennung von den alten Kolonialmächten abgrenzen, der Begriff »Bollywood« hat sich aber bis heute gehalten. Wahrscheinlich weil sich Mulliwood noch bescheuerter als Bollywood anhört.

Der indische Film ist auf jeden Fall ein bisschen anders als der deutsche Film. Der geht im Schnitt drei bis dreieinhalb Stunden, es wird gesungen, getanzt, gelacht und zwar wie verrückt. Und wenn Sie, als Bollywood-Erstzuschauer, die ersten fünfzehn Minuten durchstehen, dann haben Sie es geschafft und gehören zu den neuen Fans. Sie müssen wissen, die ersten fünfzehn Minuten sind echt hart, da der Kulturschock unausweichlich ist. Der typische Bollywood-Erstzuschauer denkt sich in etwa so was:

Ja, so einen Schwachsinn habe ich ja noch nie gesehen. Warum haben die denn Bettlaken an? Was? Das sind Saris? Sieht eher aus wie Saruman, haha! (5 Minuten später) Wieso fangen die an zu singen? Ist das ein Musical? (Nochmals 5 Minuten später) Ist ja unfassbar, jetzt fängt die Tante schon wieder an zu singen. Wie heißt die Tante? Madjula? Was ist denn das für ein Name? Wie heißt der, Rampal? (Weitere 5 Minuten später) Worum geht's? Mann liebt Frau, Frau liebt Mann, gibt es aber nicht sofort zu, sonst ist der Film ja zu Ende nach zehn Minuten. Wie originell!

Jetzt singen die schon wieder! (Fängt an mit dem Fuß zu wippen) Nee, ich kann nicht mehr, das reicht mir! Was? Ich wippe nicht! Okay, das Lied ist nicht schlecht, aber danach schalte ich um! (Schaltet nicht weg und schaut nochmals 3 Minuten weiter) Ne warte mal ganz kurz, ist nicht schlecht das Lied jetzt hier, muss ich jetzt doch sagen, aber ... (Wippt mit dem Kopf leicht zum Takt und schaut weiter) Jetzt fangen die schon wieder an zu singen und zu tanzen. Also das ist aber jetzt nicht übel, aber generell muss ich ja schon sagen, ein Scheiß dieser Film. Das ist ja unglaublich. Ist das hier blöd. So was will ich nie wieder sehen, obwohl das echt gut abgeht hier ... ich will nicht verdammt ... muss tanzen ... HILFE!!

Weitere zwei Minuten später steht die Person im Wohnzimmer vor ihrem Fernseher, wild tanzend und laut singend »bangadadan san de ramban de rangadadandande fandde rambande ...«

Ach, ich liebe dieses Bollywood. Aber das Problem ist, dass ich auch zu alt werde für Bollywood-Filme, weil die sich in den Filmen nicht küssen. Das ist mir früher gar nicht aufgefallen, aber in indischen Filmen wird nicht geküsst. Ziemlich prüde für ein Volk, das das Kamasutra erfunden hat! Poppen in tausend Stellungen, ja das geht! Aber küssen? Nee, das geht nicht! 3,5 Stunden tanzt der Typ der Tante hinterher und singt sich die Seele aus dem Leib und kriegt noch nicht mal einen Kuss! Das muss so was von deprimierend sein!

So sehr ich andere Kulturen auch mag, ich wurde von meinem Vater schon sehr darauf getrimmt, deutsch zu sein. Ich habe das Phänomen nicht nur bei mir und meinem Bruder beobachtet, sondern auch bei anderen Migranten-Familien in der Nachbarschaft. Die Ansprüche an uns waren sehr hoch. Ich nenne es das Phänomen des »Deutschen hoch 2«. Und so passierte das irgendwie mit mir. Ich musste mir in allem immer besonders Mühe geben und mein Vater befeuerte gern noch zusätzlich den Wettbewerb zwischen mir und meinem Bruder. Durchschnittliche Leistungen reichten ihm bei uns nicht aus.

Mein Vater war ein gut ausgebildeter Mann und lief sehr gerne im Anzug rum. Er trug ihn stolz und mit großer Ausstrahlung und blickte seiner Zukunft selbstbewusst entgegen. Er war Hochbauzeichner und wollte auch in Deutschland damit sein Geld verdienen.

Doch in Deutschland angekommen, wurde er der deutschen Sprache nicht wirklich mächtig. Auch die schnell voranschreitende Technik in seiner Branche bereitete ihm Probleme und so fiel es ihm immer schwieriger, beruflich in Deutschland Fuß zu fassen, geschweige denn eine erfolgreiche Karriere zu verfolgen. Dennoch hat er nie ganz aufgegeben und weiter versucht, sich zu integrieren, und war dementsprechend auch bei uns streng. Wenn er von kriminellen Ausländern in der Zeitung las, schüttelte er nur den Kopf und sagte:

»Immer diese Ausländer ...«

»Aber Papa, wir sind doch auch Ausländer!«

»Wir sind andere Ausländer! Anständig!«

Das waren meine Eltern auf jeden Fall. Und so wurden wir auch erzogen. Wir wussten einfach, wenn sich andere Ausländer daneben benahmen, belastete das automatisch auch uns, weil wir damals nun mal alle öfters in einen Topf geworfen wurden. Klar können wir jetzt diskutieren, ob das fair war. Aber so war es nun mal. Ich hatte mit dem Image des Macho-Türken zu kämpfen, noch bevor ich in die Pubertät kam. Jedes Mal, wenn jugendliche Landsleute Mädels hinterher pfiffen, krümmte sich mir der Magen. Ich wusste, dass sich dadurch meine Chancen beim anderen Geschlecht weiter verschlechterten. Viele unserer Landsleute wollten sich allerdings gar nicht integrieren, wir hingegen schon. Trotzdem war das nicht einfach. Mein Vater verstand vieles einfach nicht. Er hielt Deutschland für ein fortschrittliches, zivilisiertes Land, und da verwunderte es ihn, wie abergläubisch die Menschen dennoch waren.

So sagte er einmal zu mir:

»Deutsche so intelligennt! Hat de Computer erfunden, hat Auto erfunden, aber klopfe dreimal auf Holz! Warum?«

»Weil das Glück bringt, Papa!«, antwortete ich ihm kurz.

»Bringt höchstens deine Arzt Glück, weil de Finger kaputt geht. Und manchmal de Deutsche machen teure Porzellan kaputt, isch kapiere nischt!«

»Ich glaube, dass machen die nur an Polterabenden vor der Hochzeit. Scherben bringen halt auch Glück, Papa!«

»Scherben bringen Glück, aber kaputter Spiegel bringt Pech! Was denn jetzt? Entscheide disch!«

Auch den Brauch, dass man sich beim Zuprosten am Tisch in die Augen schauen sollte, verstand er nicht. Er konzentrierte sich lieber auf sein Glas, damit es auch akkurat auf das Glas des Gegenübers trifft. Doch dann hieß es:

»Aber Herr Yanar, bitte in die Augen schauen. Wenn man anstößt, ohne sich dabei in die Augen zu gucken, dann gibt es sieben Jahre schlechten Sex!«

Mein Vater war schockiert!

»Mit wem? Mit Ihnen?!?«

Leider konnte sich mein Vater mit den deutschen Gebräuchen nie wirklich anfreunden, was wir als Kinder teilweise bedauerten. So hatte ich kein wirkliches Weihnachten noch andere Feiertage in meiner Kindheit. Beispielsweise Ostern hätte mir sicher gefallen. Wir wussten einfach nicht, wieso man in Deutschland zuerst Eier versteckte und dann wieder suchte! Mein Bruder Erkan rief dann nur laut zur mir:»Kayaaaaaaaaaaa! Halt deine Eier fest, die suchen wieder!!«

Mal abgesehen davon erzog uns unser Vater aber zu»Deutschen hoch 2« oder versuchte es zumindest. Wir sollten in jeder»deutschen Disziplin« mindestens genauso gut wie ein Deutscher sein, eigentlich aber noch besser. Was bei mir natürlich in vielen Bereichen absolut hoffnungslos war. Wäre aus mir kein Komiker geworden, hätte ich nicht wirklich auf viele andere Fähigkeiten zurückgreifen können. Es waren damals aber weder die Zeit noch die Familie, die auf meine individuelle Person Rücksicht nahmen, und so musste ich mich bei allem Möglichen allein durchkämpfen. Deutschland ist zum Beispiel ein Fußball-Land, aber leider konnte ich mich nie in einer Fußballmannschaft zurechtfinden. Ich war grottenschlecht und kam als kleiner Junge meistens heulend nach Hause. Zum Glück probierte ich Handball, was in den 1980er-Jahren aber leider total uncool war. Aber darin war ich echt gut und mein Selbstbewusstsein nahm zu. Ich mochte den Verein und ja, vielleicht ist das ja auch etwas Deutsches an mir: die Vereinsmeierei. Oder es ist einfach nur absolut menschlich: in einer geselligen Gruppe Sport zu machen.

Typisch für Deutschland sind drei Religionen: Katholisch, Evangelisch und Fußball. Dieser Sport wird fanatisch betrieben und verfolgt und bisweilen wird sehr aggressiv reagiert, wenn nicht alle Jahre eine Weltmeisterschaft dabei herausspringt. Ich frage mich: warum? Die Verbissenheit, womit Fußball in Deutschland verfolgt wird, habe ich nie verstanden. Ich bin da eher wie ein Schweizer: Man würde gerne gewinnen, aber wenn nicht, ist es auch gut. Die Erwartungen sind nicht so hoch.

Olympische Spiele schaue ich mir schon lange nicht mehr an. Ich gehe davon aus, dass alle Athleten mittlerweile gedopt sind. Das russische Curling-Team hat bei den Olympischen Spielen gedopt ... BEIM CURLING!!!! Was kommt als Nächstes? Beim Billard? Beim Dart-Werfen? Ich frage mich, wie das beim Curling aufgefallen ist: »Dimitri, auf drei musst du wiiischen. Der Curlingstein kommt auf 3...2...1...« »Hey Dimitri, niiicht so schnell!!! Niiicht so schnell wiiischen, verdammt ... Dimitri!!!!« Dimitri ist schlussendlich wahrscheinlich einfach in einem Loch im Eis verschwunden, weil er das Zeug weggewischt hat wie eine Putzfrau auf Speed.

Die ganzen Dopingfälle überraschen mich nach dieser Curling-Geschichte also wirklich nicht mehr. Der nächste Dopingskandal wird vielleicht bei einem Schachturnier enthüllt, wenn ein Teilnehmer alle seine Bauern dem Gegner in die Fresse knallt. Aber jetzt im Ernst, mich verwundert eher, warum wir nicht einfach akzeptieren, dass schon immer gedopt wurde und es weiterhin geschehen wird. Wir sollten das nicht verbieten, sondern unterstützen. Daher schlage ich Folgendes vor: die Dopelympics! Alle Athleten hochdopen bis zum Anschlag und dann ab in den Wettkampf! Russische Kugelstoßer werfen das Ding in die Stratosphäre, Tennisspieler sehen aus wie beim Tischtennis und Fußballergebnisse lauten: 120 zu 110.

Doch zurück zum Thema. Meine Eltern wollten, wie so viele andere Migranteneltern auch, dass ich es auf allen Ebenen, wie beispielsweise sportlich oder intellektuell, mit jedem Deutschen aufnehmen konnte. Der soziale Aufstieg stand dabei im Vordergrund. So wollte ich angeblich schon immer Arzt werden ... aber, ohne dass ich davon wusste. Meine Eltern wussten es aber schon lange, denn sie erzählten es voller Stolz allen Verwandten und Bekannten und steckten mich in ein altsprachliches Gymnasium mit Latein.

»Aber PAPAAAA! WARUM LATEIN?!«, schrie ich damals frustriert, »die Sprache ist so was von tot, keiner spricht die mehr.«

»Junge, wenn du Arzt werden willst, dann Latein wichtig!«

»Papa, ich will nicht Arzt werden. Ich mag Videospiele. Vielleicht mache ich was in die Richtung!«

»Sprech' kein Unsinn Junge jetzt, du wirst super Arzt!«

»Und was, wenn ich dann doch nicht Arzt werde? Warum nur Latein? Die Römer sind ausgestorben. Ist das nicht Zeichen genug, dass man die Sprache nicht lernen sollte?«

»Isch will, dass du was lernst, was isch nix kann!«

»… Ah, dann lern ich doch einfach Deutsch!«

Damals empörte ich mich auch beim Lehrer direkt in der Klasse, dass diese Sprache ein absoluter Schwachsinn sei. Der Lehrer sagte damals zu mir:

»Aber Kaya, wenn du Latein lernst, dann hast du die Grundlage für alle europäischen Sprachen.«

»Und warum lerne ich dann nicht gleich die europäischen Sprachen? Das Leben ist kurz!«, brummte ich zurück.

Mensch, schade, dass ich kein Französisch kann. Damit hätte ich die Frauenwelt beeindrucken können, so eine erotische Sprache. Dafür hatte ich doofes Latein, ganze neun Jahre lang! Und was ist davon geblieben??? Nur ein Wort! Ich kann wirklich nur noch ein einziges Wort: creber. C-R-E-B-E-R. Heißt auf Deutsch: häufig. Der Grund, warum ich dieses Wort kenne, ist simpel. Es gibt dazu nämlich eine Geschichte. Wir hatten in der achten Klasse einen Latein-Vokabeltest. Diese lateinischen Vokabeln hier bitte übersetzen ins Deutsche. Hinter mir saß mein kroatischer Freund, Roman. Es lief bei ihm so weit ganz gut, aber dann kam er beim Wort »creber« an und er wusste die Übersetzung – wie so häufig – nicht. Also, was machst du in dem Moment? Du schaust, ob dir irgendjemand die Lösung vorsagen kann. Ich saß ja direkt vor ihm, also flüsterte er: »Hey. Kaya! Pscht… was heißt creber?« und kickte mit seinem Fuß an meinen Stuhl. Ich wollte Roman natürlich helfen, war ja ein Kumpel, aber ich hatte kein Wort von seinem Geflüster verstanden und das Problem war auch: Ich war nicht besonders gut da drin. Ich war schon immer irgendwie auffällig unauffällig.

Als ich nicht antwortete, flüsterte Roman erneut:

»Creber. Scheiße, was heißt creber?«

»Was?«, fragte ich mit Blick auf den Lehrer, der gerade am anderen Ende des Raumes stand.

»Creber«, wiederholte Roman leise, sichtlich genervt und mit einer Schweißperle auf der Stirn.

»Aah... häufig«, flüsterte ich schließlich.

»Was?«, flüsterte Roman zurück.

»Häufig«, wiederholte ich, nun mit der Hand vor dem Mund, ich wollte ja unauffällig bleiben.

»Wie bitte?«

»Häufig!«, sagte ich nun zunehmend verzweifelt.

Doch Roman sagte nur: »Ich versteh' nix.«

»HÄUFIIIIIG! Verdammt noch mal! Häufig!«, schrie nun der Lehrer, riss uns beide die Prüfungspapiere weg und schmiss uns vor die Tür.

Na ja, was soll's. Mittlerweile sind ja sowieso alle lateinischen Frauen schon längst ausgestorben, also was würde mir schon ein großer Wortschatz nützen? Und was für eine komplizierte Sprache das ist! Nominativ, Genitiv, Dativ, Akkusativ, Ablativ, Vokativ und Lokomotiv! Kein Wunder, dass das Römische Reich untergegangen ist, bis die endlich einen ganzen Satz rausgekriegt haben, stand der Feind ja schon in der Wohnung!

Dieser ständige Druck meiner Eltern auf uns war nicht wahnsinnig angenehm. Man muss aber auch sagen, dass sie sich damit auf eine gewisse Art selber geschadet und mir unglaublich viel Comedy-Material zur Verfügung gestellt haben. Denn mein Bruder und ich wurden durch die Erziehung unserer Eltern quasi zu Deutschen, drehten uns dann aber gewissermaßen um und amüsierten uns über genau diese Eltern und ihre Hindernisse in Deutschland. Mir und meinem Bruder fiel nämlich so vieles von dem leicht, was für unsere Eltern, wenn überhaupt, nur in mühsamer Arbeit zu schaffen war. Wir lernten schnell Freunde kennen, knüpften schon früh in der Schule Kontakte und damit ein soziales Netz. Auch beruflich hatten wir nie wirkliche Nachteile, da mein Vater alles auf die Ausbildung setzte und wir gute Noten in unseren Zeugnissen hatten.

Dass ich nach dem Abitur nicht sofort Fuß in der Berufswelt gefasst habe, lag an meiner bekloppten Künstlerader. Aber Angst, keinen Beruf zu finden, hatte ich nie. In Deutschland aufgewachsen, hatte ich ein Fundament der Sicherheit in meiner Grundeinstellung einbetoniert, was meine Eltern so nie erfahren hatten. Heute bin ich natürlich um einiges älter und kann besser verstehen, wie schwierig die deutsche Sprache ist und wie mühsam das Auswandern generell für meine Eltern gewesen sein muss. Als Kind und Jugendlicher fand ich das Ganze aber überwiegend einfach nur lustig. Mein Vater besuchte damals einen Deutschkurs und kam danach immer total frustriert nach Hause.

»Sohn, sag mal. Diese scheiße Artikel in deutscher Sprache. Mach mal Erklärung jetzt!«

»Ist doch ganz einfach, Papa! ›Der‹ ist männlich, ›die‹ ist weiblich und ›das‹ ist ein Neutrum!«

»Wer ist Neutrum?!«

»Gegenstände.«

»Isch kapiere! Isch bin mit das Bus zu das Schule gefahren.«

»Eeeee, nein Papa. Bus ist männlich. Und Schule … na ja, also Schule ist weiblich, in dem Fall aber im Dativ, also heißt es: ›zu der Schule‹ gefahren … aber das ist jetzt egal. Bus ist männlich und Schule weiblich«

»Bus ist männlich?!!!! Isch geb dir gleich männlich! Weißt du, was männlich ist? Der Karotte!!!! Lang und spitz, der Karotte!«

Türken hassen Artikel! Der, die, das … gibt's im Englischen beispielsweise gar nicht. The asshole, the fuckwit, the bitch! Aber im Deutschen: DAS Arschloch, DER Flachwichser, DIE Schlampe. Für einen Ausländer eine Katastrophe. Nicht mal entspannt fluchen oder beleidigen geht. Das hat uns Türken irgendwann so genervt, dass wir uns entschlossen haben, anstelle von drei Artikeln nur noch einen zu nehmen:»De«. De Schule, de Bus, de Karotte, de Drecksack, de Penner. Und so war es eben auch bei meinem Vater, trotz Deutschkurs und den vielen Jahren in Deutschland.

Es war eigentlich hoffnungslos, aber da meine Eltern mit mir kein Türkisch sprechen wollten, waren wir gezwungen, nun mal auf diesem schlechten Sprachniveau miteinander zu reden. Bei meiner Mutter, muss ich einräumen, fand ich die Versprecher schon immer süß und ich habe sie deshalb noch nie wirklich korrigiert. Während mein Vater sehr streng war, war und ist meine Mutter sehr liebevoll. Aber auch sie hat eine eigene Sprachkomik. Es ist nicht so sehr der Akzent, sondern das Kreieren einer vollkommen neuen Sprache.

So sagt sie anstelle von »Korruption« einfach »Korrpution«, »Räucherstäbchen« heißen bei ihr »Geräuschstäbchen« und anstelle von »Kavalier« sagt sie »Kalavier«. Ich glaube für Geräuschstäbchen gibt es auch einen Markt:»Ist es Ihnen zu ruhig hier? Können Sie mit der Stille nicht umgehen? Kaufen Sie Geräuschstäbchen! Und weg ist die Ruhe!«

Auch einige Redewendungen gibt sie auf ihre ganz eigene Art wieder. Meine liebste ist, wenn sie eigentlich »die Seele baumeln lassen« sagen möchte und mir statt dessen sagt: »Ach Lieber. Du arbeitest zu viel. Heute lass einfach mal die Seele bäumeln!«

Was mag wohl »bäumeln« sein? Wenn Bäume Sex haben?

Ich muss an dieser Stelle hinzufügen, dass meine Mutter eine sehr stolze Frau ist. Sie mag es daher eigentlich überhaupt nicht, wenn wir über sie lachen. Aber ich kann oft nicht anders, denn ihre Versprecher sind einzigartig: »Junge, es ist spät. Mach de Fernseher aus und hol die Zahnbrüste.«

»Die Zahnbrüste, Mama?«, fragte ich grinsend.

»Ja, Junge. Sei nicht frech, geh jetzt putzen deine Zähne schnell!«

»Oooookay Mama, ich putze jetzt mit der Zahnbrüste meine Brüste ... eh... meine Zähne!«

Mein Bruder und ich konnten als Kinder über diese Versprecher wunderbar lachen. Auch wenn ich mittlerweile sicher etwas weiser bin, gelingt es mir immer noch nicht, immer die Fassung zu bewahren. So war meine Mutter vor einem Jahr bei mir zu Hause auf Besuch. Sie lief in die Küche und fragte meine Frau:

»Wo sind meine Schlampen?!«

Stille ... wir waren sprachlos ... bis ich fragte: »Mama, meinst du deine Schlappen?!«

»Ja, natürlich. Habe ich doch gesagt. Wo sind meine Schlappen?«

Obwohl ich am liebsten einen Hip-Hop-Song aufgelegt und dazu »Where are my Bitches at?!« gesungen hätte, lief ich nur in den anderen Raum und lachte dort erstmal eine Runde, ohne dass sie es wirklich mitbekommen hat. Denn die Frau wäre wahrscheinlich gleich abgereist. Meine kleine Drama-Mama.

Meine Mutter integrierte sich in Deutschland besser als mein Vater. Sie war auch einiges jünger, 20 Jahre. Genau wie bei meiner Frau. Das war ein Witz. Meine Mutter holte den Hauptschulabschluss nach, machte eine Ausbildung zur Kosmetikern und war privat eine leidenschaftliche Köchin. Nur mit gewissen Namen in deutschen Kochbüchern hatte sie ihre Probleme. Armer Ritter, Hoppelpoppel, Wackelpeter, Elefantenzahn, Flutschmoppen, kalter Hund und Nonnenfürzle ernteten bei meiner Mutter immer nur Kopfschütteln:

»Solche Schweinereien isch koche nix!«

Bevor ich meine heutige Frau kennenlernte, wollte es mit der Frauenwelt nie so wirklich klappen und meine Mutter gab mir da sehr gerne Ratschläge, total ungefragt natürlich. So sagte sie mir einmal:

»Kaya, du bist jetzt 33. Wird Zeit, dass du findest ein Frau.«

»Mama, ich hab ein Frau ... sogar mehrere.«

»Hör mal auf jez mit diese Gesichste, findest du ein rischtige Frau, eine Türkin. Türkisch Frau gut für disch, kann kochen, putzen, macht alles gut. Ich finde eine für Disch!«

Meine Mutter wollte mir tatsächlich eine Frau suchen! Ich hätte mir von meiner Mutter noch nicht mal die Klamotten aussuchen lassen, wieso also eine Lebenspartnerin.

Egal, sie meinte es gut und nimmt heute auch meine Schweizerin gerne in den Arm.

Während meiner Pubertät nannte ich sie auch gerne heimlich die »Floskel-Mama«, denn sie hatte auf fast jedes Problem des Lebens die gleiche Antwort:

»Geld nisch so wichtig. Lebe ist kurz. Zeit vergeht schnell!«

»Mama meine Freundin hat mich verlassen!!«

»Lebe kurz, Zeit vergeht schnell!«

»Mama, ich habe Abitur!«

»Lebe kurz ...«

»Ich werde Komiker!«

»Geld ist kurz!«

Heute sehe ich meine Mutter leider nur noch selten, aber wir skypen sehr oft miteinander. Doch wenn ich mit meiner Mutter skype, sehe ich eigentlich nur ihre Frisur. Ich bin ja froh, dass sie mit über sechzig einen Laptop bedienen kann und wir, dank Internet, so oft miteinander sprechen können. Aber einmal ihr Gesicht sehen zu können, wäre schon eine tolle Sache.

»Mama, ich sehe nur deinen Haarschopf. Du musst die Kamera richten.«

»So besser?!«

»Ja ... jetzt sehe ich den Teppich. Super!«

»Schau mal, hier scheint die Sonne, Schatz!«

»Das sehe ich ... auf dem Teppich!«

Kommunikation wird immer unfair für sie sein, weil sie nur auf einem gewissen Level mit mir kommunizieren kann und ihr die Sprachbarriere ein souveränes und schlagfertiges Auftreten immer und immer wieder zur Sau macht. Sie ist unfreiwillig komisch und hat dann, zu allem Übel, noch einen Komiker geboren, der daraus Nummern für seine Shows und Bücher macht. Als sprachlich Schwächerer kann man nie so intelligent auftreten wie man möchte und klingt leider immer unfreiwillig komisch. Ich verstehe also deinen Frust nur allzu gut, Mama. Also wenn du den Abschnitt über den Schlampen-Spruch gelesen hast und jetzt meinen Skype-Kontakt löschen möchtest, überleg es dir nochmals ;-) Ich liebe dich und deine einzigartige deutsche Sprache, sie macht dich zu was ganz Besonderem.

Vieles in Deutschland war für meine Eltern fremd und für mich normal. Schließlich wurde ich da reingeboren. Was mir aber immer unbegreiflich geblieben ist, ist die Liebe vieler Deutscher für FKK.

Die Deutschen gelten immer noch als Weltmeister des Nudismus. Man könnte es auch eine Nacktkultur nennen, die schon lange Tradition im Land hat. Alleine in Bayern gibt es 25 Freikörperkultur-Vereine, die sich lustige Namen wie beispielsweise »Naturistenbund« gegeben haben. Was mich schon als Kind immer irritierte, war, dass die FKKler nicht einfach auf ihren nackten Hintern rumsitzen wollten. Sie waren leider ständig in Bewegung und man sah deshalb Dinge schwingen und wackeln, die man nicht unbedingt sehen wollte. Sie gingen schwimmen, spielten Volleyball und Badminton und vermissten dabei weder BH noch Unterhose, trotz der unerbittlichen Gesetze der Schwerkraft.

Angeblich legten schon die Gründerväter der Nackedei-Bewegung um 1900 viel Wert auf Sport. Ich frage mich, was zuerst kam? Fühlten sich die Sportlichen zum FKK hingezogen, da sie sich nackt wohler fühlten als die faulen Leute? Oder waren es ursprünglich eigentlich faule Leute, die sich aber durch das ständige Nacktsein unter Druck fühlten, auch ohne Klamotten gut auszusehen, was wiederum zum Sport führte?

Generell bin ich ein großer Befürworter der natürlichen Schönheit. Ich war lange genug im Showbusiness in Deutschland unterwegs und habe seit über einem Jahrzehnt beobachtet, wie die Menschen, vor allem aber die Frauen, in der Öffentlichkeit nicht altern wollten. Cremes und natürliche Mittel reichen da schon lange nicht mehr aus, weshalb sich die meisten Frauen im Laufe ihrer Karriere unters Messer legen oder zumindest etwas die Falten unterspritzen lassen. Okay, ich verstehe, die Frauen stehen unter einem enormen Druck, aber trotzdem wollte ich es mal gesagt haben: Liebe Frauen, bitte keine kosmetische Chirurgie. Ich habe noch nie eine Frau gesehen, die nach der kosmetischen OP besser aussah als davor. Anders ja, aber nicht besser. Seltsam, aber nicht besser. Wie ein Alien, aber nicht besser. Im Ernst, ich habe letztens eine Frau kennengelernt, die war zu hundert Prozent recyclebar. Was soll der Schwachsinn? Wen will die mit so einem Gesicht verarschen?

»Ich sehe schon viel besser aus! Ich sehe nicht mehr aus wie fünfzig, oder? Ich sehe aus wie zwanzig!«

»Stimmt! Wie 'ne zwanzigjährige ... Katze!«

Von der Perspektive her gesehen mag ich das Prinzip der Nackedei-Typen, denn sie stehen zu ihren Körpern mit allen vermeintlichen Fehlern. Aber dennoch will ich sie nicht unbedingt live sehen. Geht es nur mir so oder sind die FKKler einfach irgendwie komische Typen? Oder spricht da aus mir nur eine verklemmte Ader? Und wieso sind die Typen immer in Gruppen und Vereinen unterwegs?

Okay, der Deutsche ist wohl per se sozial und nicht gern alleine. So vieles machen wir halt gerne zusammen. Wir gehen beispielsweise zu Comedy-Veranstaltungen, die zum Massenspektakel umfunktioniert wurden. Wir bewegen uns gemeinsam, feiern gemeinsam und denken manchmal auch gemeinsam. Und so sind wir wohl auch nackt gerne zusammen. Denn wenn diese Neigung noch andere mit uns teilen, fühlen wir uns nicht abnormal, nicht von der Gesellschaft ausgegrenzt, denn wir schaffen uns eine eigene Mikrogesellschaft, die wir dann »Naturistenbund« oder »nackte Nudel« nennen und als Verein offiziell eintragen lassen. Soweit meine psychologische Einschätzung des Phänomens als Dr. Yanar.

Ich denke mir dann:

»Okay, ich muss ja selber nicht verstehen, warum die gerne nackt sind. Vielleicht ist es ein deutsches Phänomen, aber man kann nicht alles bedienen. Ich bin in der Comedy-Szene und kann nicht nebenbei noch die nackte Nudel beim Volleyball rumschwingen. Am Schluss landen die Bilder noch in einem Klatschmagazin mit dem Titel ›War das Wasser besonders kalt?‹«

Meine Eltern konnten mit dem FFK-Kult auch so gar nichts anfangen. Für meine Mutter war es total befremdlich:

»Das geht doch nix! Das dreeeckisch, Junge! So was macht man nicht!«

Vielleicht hat sie es zu sehr mit Sex in Verbindung gebracht. Doch FKK soll ja trotz der nackten Haut nichts mit Sex zu tun haben. Wenn man aber genau hinschaut, kann man dennoch ein genderspezifisches Verhalten beobachten. Die Frauen sind nämlich viel entspannter in der Runde und machen einfach ihr Ding. Viele Männer dagegen haben etwas von einem Hahn, der sich vor seinen Hühnern in Pose setzen muss. Sie stehen dabei beispielsweise gerne im See, mit dem Wasser nur knapp bis an die Knie, Hände in der Hüfte, das Becken nach vorne geschoben, die Brust rausgestreckt wie ein stolzer Gockel und mit dem Blick zufrieden in die Ferne schweifend. Da denke ich mir nur: »Lauf doch einfach in das Wasser rein und schwimm, du Heini!!! Musst du jedem dein schlaffes Glied präsentieren und deine Oberarme so vom Körper halten, als ob da Muskeln wären?« Wie gesagt, vielleicht liegt's an mir. Ich finde das männliche Geschlechtsteil nicht besonders schön. Dieser hängende Schlauch mit dem haarigen Sack dahinter, der so aussieht, als ob er gerade aus dem Hintern gekrochen ist. Keine Ahnung, wie man stolz auf so was sein kann. Na ja, der Mensch hat halt ein paar Designfehler. Karl Lagerfeld wäre das nicht passiert.

Überraschenderweise stieß ich in einem Land auf eine FKK-Szene, in dem ich gar nicht damit gerechnet hatte. Und zwar in Kanada. Ich war mit meiner Frau im Sommer in Vancouver und wir mieteten uns ein Auto, um etwas die Umgebung der Stadt zu erforschen. Und da war er: »Wreck Beach«.

Zunächst waren wir noch ahnungslos und liefen nichtsahnend den schmalen Pfad hinunter zum Strand. Erst unten angekommen, sahen wir, wie sich große Mengen nackter Hintern glücklich und zufrieden an einem kilometerlangen Traumstrand tummelten. Die Ärsche hüpften, rannten, schwammen, sonnten sich und setzten sich auf das Badetuch. Die Welt war in Ordnung ... für die nackten Ärsche ... aber nicht für mich!

»Ach neeee, das will doch keiner sehen. Ich habe gedacht, FKK ist was typisch Deutsches, vielleicht noch englisch … aber kanadisch?! Darauf habe ich jetzt gar keine Lust! Komm, lass uns gehen!«

»Ach komm Kaya … hier gibt es sogar einen kleinen Flohmarkt, schau mal. Sieht nach Hippie-Kultur aus. Lass uns noch etwas bleiben. Du musst dich ja nicht ausziehen.«

»Ich weiß nicht … igitt. Schau mal, wie dieser Typ da steht: Wasser bis zu den Knien, Penis Richtung Horizont, Blick selbstbewusst ins Leere und die Brust herausgedrückt. Was will er damit bewirken?!«

»Ich weiß nicht, Schatz. Aber das Wasser sieht echt traumhaft aus. Komm, lass uns ein schönes Plätzchen suchen und etwas bleiben.«

»Aber nur eine private Stelle … also ich setz mich doch nicht zwischen die Nackedeis. Pervers so was!«

Fünfzehn Minuten später fanden wir eine kleine Düne, hinter der wir unser Strandtuch ausbreiteten und uns verstecken konnten.

»Ist das nicht herrlich hier, Schatz? Man muss sich ja nicht unbedingt ausziehen. Ist auch so wunderbar.«

»Jo … ich will einfach diese Nackedeis nicht unbedingt sehen … aber, wenn ich doch schon so versteckt hier bin, könnte ich das mit diesem FKK-Gefühl mal ausprobieren. Total privat natürlich.«

»Wenn du magst«, säuselte meine Frau und schlief unter ihrem Sonnenhut ein.

Nachdem ich mich vergewissert hatte, dass sie auch wirklich schlief, zog ich kichernd meine Badeshorts runter und spähte dann, auf dem Bauch liegend, unauffällig über die Düne runter zum Strand. Die Nackedeis schienen so glücklich und ich musste zugeben, die angenehme Strandbrise auf der Haut hatte etwas Befreiendes. Es war, als ob sich der Hintern freute, auch endlich mal was von der Welt zu sehen.

Ich konnte nicht anders, die Verlockung war zu groß. Ich wollte nackt schwimmen gehen. So wie die anderen. Die schienen so glücklich. Aber was, wenn irgendwo ein Deutscher wäre, der mich erkennt? Mein absoluter Albtraum wäre ein Nacktfoto von mir, das in den sozialen Medien kursiert und mit fiesen Sprüchen kommentiert würde. Ich entschloss mich kurzerhand, die Badehose erstmal wieder anzuziehen und zum Wasser hinunterzulaufen. Beim Wasser angekommen, beäugte ich immer wieder misstrauisch jede erdenkliche Richtung. Die ganz großen Menschenmassen hatten wir zwar bereits bei der Suche nach der privaten Düne vor ein paar hundert Metern hinter uns gelassen, aber ich wollte mich doch vergewissern, dass die Nackedeis nicht etwa nachgerückt sind. Doch es schien wie in Deutschland, sie mochten die Gesellschaft und blieben wohl deshalb ziemlich konzentriert vor dem Hippie-Markt.

Ich nahm also all meinen Mut zusammen, zog erneut meine Badehose aus, schmiss sie auf den Sand und rannte ins Wasser. Es war unglaublich erfrischend und ich schwamm sofort los, bis ich im tiefen Wasser angekommen war. Da wusste ich plötzlich, was dieses FKK mit einem machte: Ich fühlte mich wie ein kleines Kind, das nackt im Wasser planschen durfte. Der kleine Kaya, der nie wirklich eine Hose anziehen wollte. Das innere Kind in mir war total glücklich und wollte gar nicht mehr aus dem Wasser raus und musste beim Gedanken an die öden Klamotten die Stirn runzeln.

Ich planschte, ich tauchte, ich versuchte einen Handstand im Wasser, gefolgt von einem Purzelbaum, bei dem mir sicher ein Liter Meerwasser in die Nase lief. Ich spuckte beim Auftauchen eine Strahl Meerwasser zurück in den Ozean und verweilte so sicher eine halbe Stunde im Wasser. Schließlich schwamm ich langsam zurück, verweilte noch ein wenig im flachen Teil des Wassers und schaute zum Horizont. Da holte mich die Stimme meiner Frau aus meiner Traumwelt:

»Du weißt schon, dass du genau wie dieser Mann von vorhin im Meer stehst?«

»Hä? Was meinst du?«

»Na ja. Wasser bis zu den Knien, Penis Richtung Horizont, Blick selbstbewusst ins Leere und die Brust herausgedrückt?«

»Oooh, wirklich?«

»Wo ist deine Badehose?«

»Die ist dort«, sagte ich und zeigte auf eine Stelle, bei der offensichtlich nicht mehr als Sand war.

»Oh Baby. Entweder ein Hippie dachte: Sharing is caring oder es schwimmt gerade ein Orka-Baby mit deiner Badehose durch den Pazifik.«

In Sachen FKK war ich also doch deutscher, als ich anfänglich dachte. Okay, doch wo ich wirklich nie mithalten konnte, war in Sachen Alkohol. Immer wenn ich Alkohol in Deutschland ablehne, denken alle sofort: »Ach so. Wegen des Glaubens! Na klar, wie unhöflich von mir.«

Aber ich kann alle beruhigen. Ich lehne ihr Angebot ab, weil ich bereits nach einer »Mon Chéri«-Praline umkippen würde und daher besser auf ein großes Bier verzichte! Wenn ich Komasaufen will, gurgel ich einfach mit Odol. Ich war nur einmal so richtig besoffen und das auch nur, weil mich ein Kumpel in Köln zum Karneval mitschleppte.

»Was, du lebst seit fünf Jahren in Köln und warst noch nie beim Karneval???!«, schrie er mich damals komplett fassungslos an. Für ihn fühlte sich das wohl wie ein Staatsverbrechen an oder eine Beleidigung seiner Religion. Schließlich ging ich mit und wollte mir die bunte Welt mal zeigen lassen. Ich war als Hulk verkleidet, doch die bunte Welt entpuppte sich eher als besoffene Welt und nach einer Stunde war mir schon so übel, dass es die grüne Farbe auf meinem Gesicht eigentlich nicht mehr gebraucht hätte. In meiner Panik rief ich meinen Kumpel an und wollte mich schnell abholen lassen … nur das Eintippen seiner Nummer stellte sich als schwieriges Unterfangen dar.

RIIIING!

»Ist da der Florian?«

»Nein!«, klack und der Typ hatte schon aufgelegt.

RIIIING!

»Ist da Florian?«

»Sagte ich doch eben: Nein!«

RIIIING!

»Hey, hallo Florian?!«

»Das habe ich Ihnen doch bereits zweimal gesagt: Hier ist kein Florian!«

RIIIING!

»Flo…?!«

»Okay, hier ist der Scheiß-Florian. Was willst du?!«

»Holst du mich bitte ab?«

Katzengejammer und Hundegebell

Ich bin ein Tierfreund, eigentlich schon immer gewesen, und ich wollte auch in diesem Buch ein tierisches Kapitel unterbringen. Denn auch die Tiere machen ein Land aus. Einerseits natürlich die Artenvielfalt der Tiere eines Landes, auf der anderen Seite aber auch, wie die Menschen in dem Land mit ihren Tieren umgehen und sie behandeln. Einfach gesagt, was für Gefühle sie gegenüber den Tieren hegen.

Persönlich habe ich mich vor fast zwölf Jahren entschieden, Vegetarier zu werden. Nicht, weil ich keinen Bock mehr auf Fleischgerichte hatte. Sie müssen wissen, dass ich mich die ersten Jahre auf Tour praktisch nur von Fast Food ernährte und dabei immer einen Royal Burger mit Käse bestellt habe. Ich habe das Zeugs gefuttert wie ein Irrer. Doch nach einer Weile fing ich an, diese Burger anzuschauen und doch etwas mehr nachzudenken.

Wie man in diesem Buch nun bereits lesen konnte, war ich religionstechnisch ziemlich orientierungslos in die Welt geschickt worden. Während die Christen viel und gerne Fleisch futtern, meiden andere Religionen nur gewisse Fleischarten. In Indien wiederum hat die vegetarische Ernährung in vielen Teilen des Landes Tradition.

Als ich, noch ein Kind, einmal nicht wusste, ob diese Würste mich in die Hölle katapultieren können oder nicht, sagte mein Vater nur:

»Ach friss doch, was du willst! Aber nicht schmatzen, sonst schmeißen die dich raus ...«

Nun hatte ich ja in der Schulzeit Religionsunterricht bei den Protestanten und dabei alle möglichen christlichen Geschichten und Anekdoten kennengelernt. Manchmal poppen mir diese Geschichten auch heute noch, als Erwachsenem, wieder auf und schwirren dann im meinem Kopf herum. Aber eher in einer Art Kaya-Version und nicht unbedingt, wie der Autor oder meine damalige Religionslehrerin das wahrscheinlich hat lehren wollen. Und so schaute ich einmal mit 34 Jahren auf eine Packung Chicken Nuggets vor mir und fragte mich: Hätte es überhaupt noch Tiere auf dieser Welt, wäre ich damals Passagier auf der Arche von Noah gewesen? Oder wäre irgendwann der arme Noah verzweifelt zu mir gekommen und hätte gesagt:

»Kaya, ich habe alles durchsucht und alle Tiere durchgezählt, aber ich finde Paul und Pauline einfach nicht! Ohne die sind wir nicht komplett und Gott lässt uns sterben!! Kaya, sag was!«

»Paul und Pauline ...? Wer sind Paul und Pauline? Wegen denen sollen wir sterben? Wie ist denn dieser Gott drauf?«

»Paul und Pauline sind der Gockel und das Huhn. Wir müssen von jeder Art ein Paar haben. Das war die Abmachung! Ich glaube, ich habe sie verloren. Kaya, ich habe versagt!!«

»Oh, hmmm, armer Noah, mein Freund ... öhm... Die finden wir schon noch. Ich helfe dir«, hätte ich wohl verschämt geantwortet und dabei den abgenagten Knochen des Geflügelbeinchens in meiner Hand hinter dem Rücken versteckt und überlegt, wo ich schnell neue Hühner herbekomme. Armer Paul und Pauline, ich hätte sie um eine tolle romantische Schiffsfahrt gebracht.

Und dann gibt es da noch Petrus vor dem Himmelstor. Wer weiß denn wirklich, dass Petrus in Menschengestalt steckt und ein Artgenosse von uns ist? Stellen Sie sich nur vor, Petrus wäre ein Stier. Wie verfahren die Situation dann aussehen würde? Er würde total genervt und mit einem Hörgerät versehen (erinnern Sie sich an die großen Kuhglocken?) vor diesem Tor stehen und mich mit einer hochgezogenen Augenbraue argwöhnisch mustern (keine Ahnung, ob Stiere Augenbrauen haben, aber mein Stier-Petrus hat die nun mal).

»Oh Petrus, lässt du mich bitte rein ... ich war doch nett?«, müsste ich zu ihm sagen. Was bliebe mir denn schon anderes übrig? Gleich auf die Knie und um Vergebung betteln?

»Wirklich Kaya? Nachdem du meine Schwiegermutter als Burger Royal mit Käse verputzt hast und ich dank der beknackten Kuhglocke sogar im Himmel ein Hörgerät brauche? Hättest du mal besser eine Initiative gegen diese Glocken gestartet!«

»... Öhm, also das mit den Glocken fand ich auch nicht so toll, aber ich war ja schließlich kein Bauer unten auf Erden, da kann ich nicht wirklich was dafür. Aber kann ich mich vielleicht bei deiner Schwiegermutter persönlich entschuldigen? Ist sie hier?«

»Nein, die ist in der Hölle gelandet.«

»Was? Die arme Seele, wurde von mir verfuttert und musste dann noch in die Hölle?«

»Nun ja, Schwiegermutter halt!«, sagte Petrus und zog dabei kurz die Schultern hoch.

Okay, die Geschichte wird langsam absurd. Aber ich meine nur, in meinem Kopf waren viele dieser philosophischen Theorien vergraben und ab und zu holte ich sie raus und dachte darüber nach. Irgendwann entschloss ich mich, das mit dem Fleisch zu lassen und mich auf all möglichen Eventualitäten des Nachlebens vorzubereiten. Ich hoffe nun einfach inständig, dass Petrus kein Metzger ist, denn wie soll ich ihm dann erklären, dass ich sein Geschäft komplett boykottiert habe?

Vegetarier oder nicht, ich denke, jeder Mensch begegnet im Laufe seines Lebens einem Tier, das auf direktem Wege in ihr oder sein Herz stolziert. Meine emotionalste Tiergeschichte begann in der Türkei. Es gab da einmal eine kleine süße rote Katze in der Südtürkei. Sie war alleine im Park und jagte Fliegen. Sie war keine zwei Monate alt und für mich war es unbegreiflich, dass dieses Kätzchen keiner beachtete. So beobachtete ich dieses kleine Etwas eine ganze Weile, wollte eigentlich gar nicht mehr von ihr weichen und fragte mich, ob sie jemand ausgesetzt hatte. Sie war unterernährt, das Fell war struppig, doch in ihren Augen funkelte eine feurige Neugier auf das Leben. Ich war zu der Zeit mit meiner Mutter bei Verwandten und der Anblick des kleinen Fellhaufens erinnerte mich an mein erstes Haustier zu Hause in Deutschland.

Deutschland ist im internationalen Vergleich ein absolutes Haustierland. Schätzungsweise soll es insgesamt rund 34 Millionen Haustiere in deutschen Haushalten geben. Die beliebtesten sind, wen wundert's, Katzen und Hunde. In weiten Teilen der Türkei ist das Verhältnis zu den kleinen Tigern etwas anderer Art und so haben meine Eltern erst in Deutschland die Liebe zu einem Kätzchen entdecken dürfen. Damals fanden wir eine Katzenmama im Keller unseres Wohnblockes, die dort unten für fünf Babys ein kleines Zuhause geschaffen hatte und hinter Kisten und alten Fahrrädern Unterschlupf suchte. Ich entdeckte sie, als ich für meine Mutter was im Keller holen sollte. Wir haben damals mit den Nachbarn diskutiert und schließlich ließen wir die Katzen unten, bis die Kleinen alt genug waren, und verteilten dann alle, inklusive der Mama, in verschiedene Haushalte. Ich wollte natürlich auch ein Kätzchen aufnehmen, doch ich stieß damit auf viel Widerstand in meiner Familie.

»Das sind ›Draußen-Katzen‹, denen geht besser dort. Hier macht sie alles kaputt.«, erklärte mir meine Mutter.

»Aber Mama, die Kätzchen freuen sich, wenn ich unten vorbeischaue, und sie sind so lieb«, protestierte ich.

»Isch habe gesagt: Nein! Genug jetzt!«, erwiderte meine Mutter und wechselte danach sofort das Gesprächsthema.

Ich entschied mich schließlich, einfach eines der Kätzchen in die Wohnung zu bringen, denn so streng meine Eltern auch waren, auch sie konnten das Baby-Kätzchen nicht davon abhalten, auf direktem Weg in ihre Herzen zu stolzieren.

Mein Vater lag damals auf dem Sofa. Das Kätzchen hüpfte hoch, direkt auf den Sitzplatz neben ihm, worauf er natürlich sofort protestieren wollte:

»Du Arschkopf, das Sofa ist nicht für …«

Doch bevor er fertig fluchte, war das Kätzchen bereits auf seinem Bauch und machte es sich gemütlich. Es drehte sich zweimal um die eigene Achse, legte sich dann gemächlich hin, gähnte kurz, legte sein Köpfchen auf die Pfötchen und schloss zufrieden die Augen.

»Dieser süße Arschkopf, de mag mich! Hey Kaya, de mag mich! De hat Geschmack! So süße Katze, wie nennen wir ihn? Ist ein deutsche Katze! De heißt jetzt Peter!«

Sie denken jetzt vielleicht: Peter? Ja, genau. Mein Vater taufte die Katze tatsächlich Peter, das war so der deutscheste Name, der ihm damals einfiel. Aber er hätte ihn von mir aus auch der, die, das Arschkopf taufen können. Hauptsache, ich durfte das Kätzchen behalten. Er war mein erstes Haustier, damals war ich gerade mal sieben Jahre alt. Leider hatten wir kein Glück mit dem Kätzchen. Während einer unserer Türkeiurlaube passte die Nachbarin auf Peter auf und ließ mal ein Fenster gekippt. Der arme Kerl wurde kein Jahr alt. Ich vergesse nie, wie traurig ich war, als mich Peter nach der Rückreise nicht begrüßte und wir die traurige Nachricht erhielten. Danach hatten wir nie wieder ein Haustier.

Nun war ich vierzig Jahre alt und das rote Kätzchen in der Türkei ließ die alten Erinnerungen wieder hochkommen. Nach einer Weile sagte ich zu meiner Mutter:

»Diese Katze müssen wir retten, die überlebt das hier doch nicht.«

Meine Mutter war davon nicht begeistert und argumentierte:

»Das ist doch eine wilde Katze, der geht es hier gut!«

Ich war von dem Gedanken aber nicht mehr abzubringen und nahm sie schlussendlich mit. Sie ließ sich ohne Weiteres hochheben und mitnehmen, schaute mich dabei nur mit ihren großen runden Augen an. Was folgte, waren viele lästige Abklärungen und ganze drei Monate Quarantäne, bis wir sie schließlich in die Schweiz mitnehmen konnten. Wir tauften sie Leila. Meine Frau wollte eigentlich kein Haustier zu dem Zeitpunkt, aber Leila stolzierte, ähnlich wie bei meinem Vater damals, sofort in ihr Herz. Es war eine wilde Katze, bereits am ersten Abend ruinierte sie die Vorhänge und schmiss alle Zimmerpflanzen um. Es war sofort klar, dass wir sie nicht lange als Hauskatze halten konnten, weshalb wir sie nach zwei Wochen Eingewöhnung bereits rausließen.

Wild trifft es vielleicht nicht ganz oder stellt keine ausreichende Beschreibung ihres Charakters dar, denn sie war, ganz ehrlich gesagt, total bekloppt. Sie war hyperaktiv, immer auf Krawall gebürstet und kannte keine Angst. Meine Frau wurde schnell eine Art Mutterersatz, aber damit auch die Einzige, die nicht regelmäßig von ihr attackiert wurde.

Sie war eine wahre Türkin, mit viel Temperament, und schoss oft etwas übers Ziel hinaus ... wortwörtlich, denn wir mussten die Tante regelmäßig aus Baumspitzen holen, weil sie es alleine nicht mehr runter schaffte, nachdem sie zuerst voller Elan hochgerannt war.

Was sie sonst noch typisch türkisch machte? Sie redete den ganzen langen Tag mit uns und wollte ununterbrochen Aufmerksamkeit. Ihre Laute waren keine klassischen »Miaus«, wie man sie kennt oder von einer normalen Katze erwarten würde. Es waren eher ganz viele Töne oder Selbstlaute aneinandergereiht. Einmal konnte ich sie beobachten, wie sie einer Katze maunzend nachrannte »mi au a a mi mi a a mi au«; die flüchtende Schweizer Katze rannte um ihr Leben und dachte wahrscheinlich: »Wir brauchen eine Geschlossene für meine Artgenossin!«

Meine Mama beobachtete das Spektakel einmal, als sie bei uns zu Besuch war, und hatte prompt eine Erklärung, weshalb die anderen Katzen so gar nicht mit Leila spielen wollten:

»Die wissen, dass sie Türkin ist, und haben ein Problem damit.«

»Mama, woher sollen die denn das wissen?«

»Ganz klar, Leila spricht anders. Hörst du nicht?«

»Okay, sie spricht ununterbrochen wie eine Bekloppte. Aber denkst du, dass ist Katzentürkisch, was sie spricht?«

»Die respektieren Leila nicht wegen Herkunft. Gibt auch rassistische Katzen hier!«

»Klar, unsere Nachbarskatzen sind alles Rassisten. Mama!«

Ich rollte mit den Augen und wusste erstmal nicht, was ich dazu sagen sollte. Ich musterte meine Mutter von Kopf bis Fuß, aber ihr Blick und ihre Körpersprache deuteten voll darauf hin, dass sie das tatsächlich ernst meinte. Rassistische Katzen? Ich dachte, Rassismus wäre eine Krankheit der Menschheit.

Egal, aus welchem Grund auch immer sich Katzen nicht verstehen, ich schaute Leila tief in die Augen und sagte: »Ich liebe dich trotzdem, kleiner Tunichtgut. Wie ich auch meine Mutter liebe!«

Leila schaute mir ebenfalls tief in die Augen, holte dann aber aus, um mir ihre Pfote knallhart durchs Gesicht zu ziehen. Was sie übrigens immer tat, wenn ich zu lange in

ihre Augen schaute. Bisse in die Stirn waren auch üblich. Ihre Gedanken waren wahrscheinlich:
»Was guckst du? Guck mir nicht direkt in die Augen! Willst du Stress odewas?« – Türkin halt!
Zu dem Zeitpunkt habe ich gedacht, alle Katzen wären so. Guckst du ihnen in die Augen, kriegst du auf die Fresse. Es stellte sich aber heraus, dass nur Leila so war. Aber ich liebte diese kleine Türkin auf vier Beinen so sehr, dass ich trotz der regelmäßigen Schläge nächtelang mit ihr spielte. Denn abends, wenn meine Frau ins Bett ging, hatten wir die Wohnung für uns und ich ließ sie kleinen Bällchen, geformt aus Alufolie, hinterherrennen. Wenn ich mal nicht in Stimmung war und stattdessen vor der Playstation landete, kam die Kleine und legte ihre Pfote auf meine Hand, die auf dem Controller war. Sie war so süß, dass ich das Spiel jedes Mal sofort beendete und mit ihr anfing zu spielen.

Ich mag das Konzept des Lebens nicht, ich mag nicht, dass du jung geboren und immer älter wirst und dein Körper immer mehr Krankheiten und Leiden sammelt, bis er schließlich nichts mehr taugt. Ich merke es schon mit fünfundvierzig Jahren. Das Erste was ich morgens sehe, ist … nun ja, nichts. Denn meine Augen sind so schlecht, dass ich die Brille nicht finde, wenn sie weiter als einen halben Meter von mir entfernt liegt. Meine Frau freute sich damals viel zu sehr über diese Information:
»Ach Schatz, das entspannt mich jetzt ungemein, wenn ich morgens neben dir aufwache. Ich halte einfach etwas Abstand und du hältst mich für eine absolute Naturschönheit. Großartige Filterfunktion nenne ich das!«
Freude für meine Frau, leidiges Thema für mich. Aber auch sonst macht das Alter nicht wirklich Spaß, wenn wir ehrlich sind. Denn alles wird so mühsam und anstrengend. Der Sport, das Gewicht zu halten oder morgens die Socken anzuziehen. Trotzdem, es ist ein Privileg und ein Konzept, das ich trotz meiner Starrköpfigkeit verstehen kann. Wir leben, wir feiern, wir behandeln den Körper jahrzehntelang wie einen Gebrauchsgegenstand und schließlich hat er genug und verabschiedet sich.

»Tschüss, du Depp! Das hast du davon, dass du geraucht hast wie ein Kamin, gesoffen hast wie ein Kamel und dein Lieblingsmotto ›Schlafen kannst du auch, wenn du tot bist‹ war! Du kannst mich mal, ich check' jetzt aus!«

Doch was ist mit den Seelen, die einfach nicht lange genug auf dieser Erde verweilen dürfen und nur für einen Kurzurlaub hier zu sein scheinen?

Leila hatte vor nichts Angst und ihr Jagdgebiet wurde leider immer größer. Wir suchten sie oft, doch wenn wir sie dann entdeckten, rannte sie freudig und maunzend auf uns zu, als ob sie uns von all ihren Abenteuern erzählen wollte. Jedes Mal war meiner Frau die Erleichterung ins Gesicht geschrieben. Sie hob die Kleine hoch und brachte sie zurück nach Hause. Dort wurde sie gefüttert und gekuschelt und schlief schließlich bei uns ein. Doch eines Tages lief sie zu weit weg und machte auch vor einer Hauptstraße nicht Halt. Die Hauptstraße verschluckte unseren kleinen wilden Tiger wortwörtlich ...

Ich wünschte, das Leben wäre wie ein Computerspiel. Ausgestattet mit einer Speichertaste und wenn du eine falsche Entscheidung getroffen hast, kannst du den letzten Spielstand laden. Der Verlust von Leila traf mich härter als erwartet, schließlich war ich damals bereits vierzig und dachte, meine Liebe für Peter wäre nur meiner Kindheit geschuldet. Doch dem war nicht so. Die Trauer aus der Kindheit über den Verlust von Peter kam wieder hoch und ich glaubte, ich wäre total unfähig, ein Tier zu halten. Ich war am Boden.

Wir erholten uns nicht so schnell von der tragischen Geschichte, doch nach einem Jahr entschied sich meine Frau, eine neue Katze zu suchen:

»Wenn uns Leila etwas gelehrt hat, dann, dass wir eine Katze in unserem Leben brauchen. Wir ersetzen sie nicht, sie war einmalig. Aber vielleicht freut sich ein anderer Tiger über ein neues Zuhause.«

Und so kamen wir zu Missy. Eine, ich konnte es kaum glauben, noch bekloppptere Katze als Leila. Bei Missy handelt es sich um eine ausrangierte »Maine-Coon«, die als

143

Zuchtmutter benutzt, aber dann abgeschoben wurde, als sie nicht mehr von Nutzen war. Ich frage mich, warum es zu allem Gesetze, Bewilligungen und Tests gibt, aber züchten kann jeder Depp!

Ich würde Missy auch gerne »Kleine« nennen, aber bei dieser Rasse handelt es sich um ziemlich große Katzen. »Maine Coon« kommt aus dem Englischen und heißt übersetzt: Verfressenes Hayvan! Ursprünglich kommt die Rasse aus den USA, was mich eigentlich bei meinen Erfahrungen mit Weihnachtskämpfern in New York und spuckenden Lamas hinter dem Steuer schon hätte abschrecken sollen, aber meine Frau wollte sie unbedingt.

»Schau mal Schatz, diese arme Katze mit den großen Augen, ist sie nicht absolut hinreißend?!«

Sie müssen sich eine vier Jahre alte Katze vorstellen, struppiges Fell und ungepflegt. Sie schien etwas unterernährt und total verängstigt.

»Was? Warum die alte? Was ist denn mit diesem kleinen süßen weißen Wuschelkater hier?« Ich hielt ihr ein weißes Katzenbaby hin, das man für eine Katzenfutter-Werbung hätte engagieren können.

»Nein, die findet sowieso ein Zuhause, Schatz. Aber diese hier wird's schwierig haben. Die Leute sind total oberflächlich und wollen immer nur Katzenbabys, weißt du? Die sind nicht so wie wir.«

»Klar«, habe ich gedacht. »So wie ich diesen kleinen süßen jungen Kater haben wollte und nicht diese verfilzte alte traumatisierte Katze!« Aber konnte ich das aussprechen vor meiner Frau? Natürlich nicht. Ich lächelte nur und sagte: »Ja, so sozial wie wir sind natürlich die wenigsten.«

Wehe, wenn Sie jetzt denken: »Dieser Kaya, wie kann er nur so oberflächlich und grausam sein? Wie konnte er die alte Katze nicht haben wollen?«

Na erstens, Sie hätten mal diesen süßen weißen Scheißer mit den großen Kulleraugen sehen müssen. Und zweitens, wann haben Sie das letzte Mal eine vierjährige ausrangierte bekloppte Katze aufgenommen? Eben. Es sind wenige Menschen, die sich auf ein solches Projekt einlassen und es dann noch trotz aller Mühen als lohnend betrachten, wenn die Katze auch nur kleine Fortschritte macht.

»Schatz, wenn du sie willst. Dann nehmen wir sie …«

Laut ihrer Papiere hieß die Katze Tara, doch meine Frau sagte noch auf dem Weg nach Hause: »Sie bekommt einen neuen Namen. Wir müssen schauen, dass sie mit ihrer Vergangenheit abschließen kann und ein neues Leben beginnt!«

»Klar … Schatz … wenn du meinst?«, dachte ich mir und fuhr meine Frau und die bekloppte Amerikanerin zu uns nach Hause.

Ihren ersten temporären Name bekam sie natürlich von mir. Und dieser lautete: Mobiliar. Eigentlich hat sie sich den Namen selber gegeben, denn die Tante versteckte sich nach der Ankunft sofort im untersten Abteil des Katzenbaumes und guckte verstört aus dem Guckloch raus. Alles, was wir sahen, waren zwei große Augen, die in die Leere starrten. Ihre Position veränderte sie um keinen Millimeter und Geräusche gab sie auch keine von sich, ich überprüfte einmal sogar, ob sie überhaupt noch atmete. Nachdem wir am Abend mit ihr nach Hause gekommen waren und sie sich sofort in ihrem amerikanischen Kriegsbunker verkroch, konnte sie auch meine Frau nicht mehr rauslocken. Am nächsten Tag rief sie mich von der Arbeit aus an:

»Schatz, hat sich die Katze bewegt, etwas gegessen oder war sie auf dem Klo?«

»Ne, sie macht keinen Wank. Aber dafür habe ich einen passenden Namen für sie gefunden!«

»Ah ja, wie willst du sie taufen?«

»Mobiliar!«

»Ach hör uf, das ist überhaupt nicht lustig.«

»HAHA, ach komm, Schatz! Sie ist wie ein hübsches Möbelstück. Schön anzuschauen, aber bewegen tut sie sich nicht. Oder ›Dekoration‹ könnten wir sie auch taufen.«

»Das ist überhaupt nicht lustig, Kaya! Ich wollte, dass es ihr bei uns besser geht. Aber sie scheint total traumatisiert.

Ich komme nachher nach Hause und spreche mit ihr darüber.«

»Was? Worüber willst du denn mit ihr quatschen?«

»Darüber, dass ich ihr nur Gutes will und auch über alles andere. Gott und die Welt ... ich habe gelesen, das soll helfen.«

Und so lag meine Frau am Abend auf dem Boden und redete mit Mobiliar über ihren Tag bei der Arbeit, über ihre Teamkollegen, über das Wetter, erzählte ihr von Leila und über die Katze aus der Kindheit namens Chnurli. Sie bewies eine Engelsgeduld und redete stundenlang auf sie ein. Immerhin regte sich Mobiliar nach ein paar Stunden, fing an, an der Hand meiner Frau zu schnüffeln, und getraute sich nach ganzen vier Stunden das erste Mal raus. Doch bei jeder falschen Bewegung rannte sie wieder in Deckung. Dieses Spiel dauerte nicht nur Tage, sondern Wochen. Wir wussten, dass wir das Vertrauen von Mobiliar erkämpfen mussten. Meine Frau lebte in dem Projekt auf und feierte jeden kleinen Fortschritt.

Schließlich bewegte sich die Grosse zu oft und wir mussten uns auf einen neuen Namen einigen. Die Namensfindung dauerte eine Weile, doch schließlich landeten wir bei dem Namen Missy.

»Schatz, hast du gemerkt, dass sie mittlerweile einen Hintern hat wie Missy Elliott, die Hip-Hop-Künstlerin, und sie diesen beim Gehen auch immer zum Takt von ›Work it‹ bewegt?! Schau mal!«, sagte meine Frau zu mir und danach war die Sache dann schon entschieden.

Wir haben sie nun schon fast vier Jahre und man könnte sie nun auf einer Bekloppten-Skala von 1 bis 10 (10 ist das Maximum an Bekloppptheit) bei ungefähr 6 eingliedern. Was für meine Familienstandards schon ein relativ normaler Wert ist. Je selbstbewusster sie wurde, umso mehr entsprach sie auch ihrer amerikanischen Herkunft. Denn sie wurde so richtig verfressen, nahm dementsprechend zu und erklärte meine Frau zu ihrem Besitz. Es fehlte nur noch, dass sie ihrem Frauchen eine amerikanische Flagge ins Haar steckte oder irgendwo nach Öl suchte. So ließ sie mich auch keine Sekunde mit ihr alleine, hörte uns sehr wahrscheinlich ab und hatte einen sogenannten

Schlafzimmer-Sensor eingebaut. Das bedeutet, dass, wenn ich meine Frau ins Schlafzimmer entführte und nicht sofort die Zimmertüre schloss, sofort eine fette Katze ins Zimmer und aufs Bett rannte und mich dort anschaute wie eine alte Gouvernante. Das perfekte, hormonfreie Verhütungsmittel: Missy.

Nach einem Jahr mit Missy in Therapie entschied ich mich, dass es eine zweite Katze brauchte. Sie war so lange in intensiver Rehabilitation bei meiner Frau gewesen, dass sie nicht mehr von ihrer Seite wich. Ja, ich gebe es zu, ich war eifersüchtig. Ich wollte entweder meine Frau zurück oder eine eigene Katze haben. Missy und Frau waren bereits miteinander verschmolzen, also holte ich einen Kater nach Hause. Es war ein gesunder junger Katerich, denn ich sagte mir damals:

»Ich will einfach eine gesunde Katze haben, bitte nicht schon wieder eine kaputte Secondhand-Katze. Wenn einer die Katze kaputt macht, dann ich!«

Sir Ponsen, aka Ponsen, aka Poncho ist ein British Shorthair. Die schönste Katze, die ich jemals gesehen habe. Wunderschöne Augen, tolles Fell, ungewöhnliches Muster. Total verspielt, aber auch sehr verschmust, cool, lässig, tolerant, witzig: ein totaler Glücksgriff.

Beruflich ist er als Innenarchitekt unterwegs. Denn er schabt und kratzt jeweils rund eine Stunde im Klo rum, gefolgt von einem kleinen »Pups«, damit er dann schließlich weiter schaben kann. Wahrscheinlich plant er genau und denkt sich:

»Auf diesem Quadratzentimeter mache ich das Urinal, hier das Klo. Oder vielleicht doch umgekehrt? Und wo ist der beste Fluchtweg, sollte die Luft einmal eng werden?«

Es war nicht einfach, diesen Briten in die Multikulti-Familie einzugliedern, denn die Amerikanerin war darüber »not amused«! Lange mussten wir sie getrennt halten und konnten sie nur unter strenger Beobachtung zusammen im Raum lassen, wo es meistens dann zu Streit kam. Na ja, streiten kann man das nicht nennen. Die Große hat mit dem Kleinen den Boden aufgewischt.

147

Katzen sind so süße zauberhafte Wesen – bis sie sich streiten. Dann klingen sie irgendwie dämonisch. Ich bereute, dass ich mich immer noch nicht zum Kurs »Exorzismus leicht gemacht« angemeldet hatte, denn Missy hätte definitiv einen gebraucht. Sie fauchte und gab laute »Möahhh's« in so tiefen Tonlagen von sich, dass sogar eine Kuh neidisch werden konnte.

Einmal dachte ich, die Große bringt den Kleinen um. Ich habe mich so erschrocken, dass ich laut aufgeschrien habe, worauf gleich beide verschwunden sind. Ich habe sie nicht mehr finden können, nirgends. Habe die ganze Wohnung abgesucht. Nichts. Das kann doch nicht sein ... Ich suche und suche und dann sehe ich die Große ins Schlafzimmer rennen, ich hinterher. Sie auf dem Bett, schaut mich angsterfüllt an und springt hinter den Nachttisch. Hinter den Nachttisch? Der steht doch an der Wand? Ich schaue nach und sehe beide eingequetscht und mich mit großen Augen anschauen ...

Wahrscheinlich hörte ich mich so für die beiden an: »Möaaaahhh!«

»Wir müssen den Exorzisten rufen!«

Mittlerweile verstehen sich die beiden aber ganz gut. Er liebt sie, sie akzeptiert ihn und weist ihn hin und wieder in seine Schranken, dafür leckt sie jeden zweiten Tag seinen Kopf, was für ihn eine Art Ekstase-Zustand auslöst, denn er schnurrt dabei wie ein Diesel-Motor. Euro 6 natürlich.

Das Thema Katzenfutter ist eine Sache für sich: Ente, Geflügel, Shrimps! Warum gibt es Katzenfutter, das die Katze niemals selber jagen könnte! Das will ich mal sehen, wie eine Katze Shrimps fängt. Es sollte Katzenfutter mit Insektengeschmack geben: Motte, Mücke, Weberknecht ... Das ist nämlich das Einzige, was unsere schlechten Jäger fangen können.

Dieses Kapitel outet mich als großen Katzenliebhaber, aber manchmal frage ich mich selbst, wieso ich die felligen Nasen eigentlich so vergöttere. Diese Scheißer sind für nichts zu gebrauchen. Hunde machen dagegen so viel für die Menschheit, Hunde arbeiten richtig für uns! Wir haben Wachhunde, Spürhunde und sogar Lawinenhunde, die einen wichtigen Teil in unserer Gesellschaft darstellen. Stellen Sie sich dagegen mal eine Spürkatze vor. Sie würde sich wahrscheinlich an den Schmuggler schmiegen und um ein Leckerli betteln, oder die Drogen für etwas Fisch direkt verkaufen! Eine Wachkatze ist als erstes unter der Couch und wartet, bis der Dieb alles erledigt hat und wieder weg ist. Und die Lawinenkatze würde als erstes ihr Fässchen selber aussaufen und dann ein Schläfchen im Rettungsschlitten machen. Ja, liebe Hundeliebhaber, das bestreite ich alles gar nicht. Aber wenn ich die kleinen felligen Scheißer so ansehe, wie sie neben mir auf der Couch oder sogar auf meinem Bauch gemütlich schlafen, dann gibt mir ihre bloße Anwesenheit halt doch genug. Und vielleicht ist es genau die Liebe, die wir brauchen, die eben nur existiert und sich nicht durch Dienstleistungen oder Dressur in Aktionen sehen lässt.

Ich weiß noch, wie ich ganz am Anfang meiner Beziehung meiner heutigen Frau sagte:

»Es ist so unverschämt. Du musst nichts machen, einfach nur hier sein. Allein, wie du jetzt gerade auf der Couch sitzt, mehr musst du nicht machen.«

Sie guckte mich damals nur verwirrt an und stopfte sich dann etwas Schokolade in den Mund. Sie wusste nicht wirklich, was ich damit gemeint hatte. Nun ja, in der Vergangenheit hatte sich mal eine Frau um mich bemüht, die total viel für mich machen wollte. Und trotzdem ist der Funke nicht übergesprungen. Liebe existiert eben einfach und kann nicht forciert werden. Vielleicht ist es die Aufgabe der Katzen, uns das beizubringen.

Mit meinen Katzen geht es mir nämlich so ähnlich. Es ist schon eine sehr menschliche Eigenschaft, dass man von allem und jedem immer einen Nutzen erwartet und sogar fordert. Wieso darf die Katze nicht einfach 20 Stunden am Tag pennen und dich dann mürrisch angucken, wenn du ihr eine Futterdose öffnest, die ihr offensichtlich nicht sonderlich gefällt? Wahrscheinlich denkt sie: »Jetzt warst du den ganzen Tag nicht zu Hause und bringst mir nicht einmal was wirklich Leckeres mit?«

Aber wieso genau darf die Katze das nicht? Schließlich hat sie dich nicht gezwungen, sie aufzunehmen und für ihre Futterdose arbeiten zu gehen. Ich glaube, ich bewundere Katzen, weil sie eine Selbstzufriedenheit und Selbstliebe ausstrahlen, die wir Menschen wahrscheinlich im ganzen Leben nie erreichen werden.

In den Industrienationen herrscht die Leistungsgesellschaft und ich glaube, wir projizieren diesen Druck auf die ganze Welt und auf alles um uns herum. Dieser Druck macht übrigens auch vor der Comedy-Branche nicht Halt. So bin ich die letzten Jahre wie ein Bekloppter durch die Republik getourt und konnte kaum einen Job ablehnen. Doch egal wie viel ich auch arbeitete oder wie erfolgreich ich war, irgendwie war es nie genug. Und ich kann nicht mal genau sagen, ob dieses Gefühl aus mir selbst, aus der Gesellschaft oder aus meinem Branchenumfeld kam. Vielleicht von allem etwas.

Wenn wir ehrlich zu uns sind, dann opfern wir in Deutschland schon alle sehr viel für den Beruf und fühlen uns, wenn wir mal ganz ohne Beruf sind, irgendwie minderwertig. Lieben wir uns ohne Beruf nicht genug, lieben wir den Beruf mehr als uns selbst oder schließt das System die Arbeitslosen aus? Ich weiß es nicht genau, aber manchmal bewundere ich die Einstellung der Menschen in anderen Ländern, deren Wohlstand nicht so groß ist wie bei uns. Aber dafür scheinen sie das Leben besser genießen zu können. Mit der Auswanderung in die Schweiz tut sich in der Hinsicht jedoch nicht viel, denn hier erkenne ich keine großen Unterschiede zu Deutschland. Und, ich muss es einfach nochmals erwähnen, welches Volk stimmt schon gegen eine Aufstockung der obligatorischen Urlaubstage im Jahr?! Eben! Im Schnitt sind die Menschen vielleicht etwas entspannter, aber alle arbeiten hart und viel für ihr Geld und haben offensichtlich Sorge, dass zu viel Urlaub den Status quo irgendwie gefährdet.

Ich bin dafür, dass, wenn wir uns schon ohne den ganzen Karriererummel nicht wirklich selbst lieben können, wir das wenigstens von den Tieren fernhalten sollten. Lasst die doch faul und unnütz sein und ihren Weg gehen. Alleine das Wort »Nutztier« sollte eigentlich ein Unwort sein. Mal ehrlich, die Tierwelt hat es schwer genug mit uns. Wir beuten Tiere genauso aus wie den Rest des Planeten. Wir können ohne beide nicht, aber die definitiv ohne uns.

Ich liebe also die Katzen unter anderem wegen ihrer entspannten Selbstliebe. Und wenn wir ganz ehrlich sind, auch nicht alle Hunde sind wie Einstein. Ich habe schon einige Hunde getroffen, die neben meinem noblen englischen Kater richtig dämlich wirken. Zum Beispiel mein momentaner Nachbarshund. Als wir vor etwa zwei Jahren eingezogen sind, lief es zuerst wie immer ab. Meine Frau und ich waren einerseits total gestresst durch den Umzug, auf der anderen Seite aber auch euphorisch über den Neuanfang.

Doch als die Umzugsmänner nach dem harten Arbeitstag unsere neue Wohnung verließen und wir das erste Mal alleine mit unseren beiden Katzen zwischen den Umzugskartons rumstanden, realisierten wir, dass der Nachbarshund die ganze Zeit gebellt hatte und auch jetzt nicht aufhören wollte, obwohl die Umzugshelfer weg und die Tür geschlossen war. Ich beobachtete den Hund aus einem der Fenster heimlich und realisierte, dass dieser Depp einfach alles anbellte:

Ein Fußgänger lief auf dem Gehweg vor dem Grundstück an der Straße entlang: »Wau Wau Wau Wau Wau!«

Eine Katze sucht eine Maus im angrenzenden Wald: »Wau Wau Wau Wau!«

Ein Blatt fällt vom Baum: »Wau Wau Wau Wau!«

Ich geriet in Panik und dachte, was ist nur los mit diesem Köter? Geht das jetzt die ganze Zeit so und bin ich der Einzige, den das stört? Im Internet las ich, dass der Dummdoof-Hund nur sein Revier verteidigt. Unmöglich, hieße das doch in diesem Fall, sein Revier ist die ganze Stadt!

Ich bellte ein paarmal zurück, in der Hoffnung, dass die Knalltüte sich davon beeindrucken lässt. Nix da. Ich googelte im Internet nach einer Lösung. Und tatsächlich:

Man kann elektrische Hundehalsbänder bestellen. Wenn der Hund bellt, kriegt er einen Stromschlag! Ich war geschockt! Dass so was verkauft werden darf! Unfassbar! Also bestellte ich so ein Ding. Nicht für den Hund, ich habe ja gerade lang und breit erklärt, ich habe ein Herz für Tiere. Für mich. Ich wollte wissen, ob die Dinger funktionieren. Tun sie, mehr möchte ich dazu nicht sagen. Für Hunde ist das absurd, aber für Politiker wäre das passend. Jedes Mal, wenn sie Scheiße erzählen … DDDRRRZZZZTTT!!!

Ich wollte es zuerst ignorieren, aber als uns der Hund bereits um sieben Uhr morgens rausbellte, während ich die Nacht zuvor erst um Mitternacht von einer Show nach Hause gekommen war und wegen des Adrenalins erst um drei einschlafen konnte, hatte ich genug. Ich stapfte im Pyjama und mit Haaren auf Halbmast zu den neuen Nachbarn rüber. Nach einmal klingeln machte mir eine etwas verschlafene, aber ganz lieb ausschauende Frau die Tür auf.

»Guten Tag, ich bin Kaya, Ihr neuer Nachbar, freut mich«, erklärte ich in einem möglichst freundlichen Ton. Im Hintergrund hörte ich das Bellen des Hundes, der wohl irgendwo hinter einer geschlossenen Tür im Haus stand, mich aber eigentlich als nicht befugten Eindringling vertreiben wollte. In seinem Bellen hörte man seinen Frust richtig raus.

»Oh, hallo! Oooh, sind Sie gestern eingezogen? Hat alles gut geklappt?«, entgegnete mir die Frau.

»Jo, doch soweit … aber, ich muss es lieber gleich sagen. Ihr Hund hat mich heute um sieben Uhr aufgeweckt. Ich weiß, das ist jetzt leider keine Supersituation sich kennenzulernen, aber ich habe sehr ungewöhnliche Arbeitszeiten und Ihr Garten grenzt an mein Schlafzimmer. Ich bin mir sicher, Ihr Hund ist nett, aber er scheint ein absoluter Morgenmuffel. Es wäre schön, wenn seine schlechte Laune morgens nicht meinen Schlaf rauben würde.«

»Oh!«, sagte sie kurz. In ihren Augen lag ein Ausdruck, der mir sagte, dass das nicht ihr erstes Nachbarsgespräch über den Hund war. Sie sagte schnell:

»Wissen Sie, wir haben den Hund aus Spanien gerettet. Wir haben den armen Kerl von der Straße aufgabelt. Er ist auch schon sehr alt. Wir wollen ihm einfach noch eine schöne Zeit hier schenken. Verstehen Sie?«

»Vielleicht will er wieder zurück?«

»Wie bitte?«

»Na, es ist ein spanischer Hund. Was soll der im Winter in der kalten Schweiz? Der braucht seine Sangria, seine heißen spanischen Hunde-Damen, die in Spanien mit ihm Flamenco tanzten, was weiß ich … Auf alle Fälle respektiere ich seine Siesta, wenn er meine acht Stunden Schlaf respektiert. Adios!«

Zum Glück ist die Sache in keinen Nachbarschaftsstreit ausgeartet. Der Hund wird jetzt morgens Gassi geführt und nachmittags darf er dann in den Garten. Leider macht er nachmittags nicht wirklich wie andere Spanier Siesta, sondern nutzt dann die Zeit für ein intensives Bellkonzert. Wer weiß, vielleicht trauert er einfach nur theatralisch einer heißen Chica nach, die er in Spanien zurücklassen musste. Ich werde es wohl nie erfahren.

Warmduscher

Generell bin ich aber keine Person, die nur Katzen oder Hunde mag. Ich mag eigentlich alle Tiere. Außer vielleicht einen hungrigen Löwen, der mir in freier Wildbahn begegnet. Aber generell durfte ich in meiner Karriere schon mit ganz vielen Tieren drehen. Es war immer irgendwie etwas schöner, wenn Vierbeiner am Film-Set waren.

Mein spanischer Hunde-Nachbar ist zwar wirklich nicht leicht gern zu haben, aber generell kann ich auch ihm manchmal was Niedliches abgewinnen. Ich muss ihn nur wirklich unbemerkt beobachten können, denn wenn er mich entdeckt, fletscht er sofort die Zähne. Und das, obwohl ich mittlerweile schon zwei Jahre in seiner Nachbarschaft lebe.

Ich bin schon froh darüber, dass wir von Tieren umgeben sind, die uns nicht umbringen wollen. Die Katzen kratzen vielleicht mal und die Hunde bellen, die Kuh scheißt alles voll und wer weiß schon, was Chantals Hamster im Käfig genau macht? Aber egal, was der Hamster macht, er wird kaum Chantal angreifen. Und egal, wie eklig die Spinnen im Keller deutscher Haushalte auch aussehen, sie haben immer noch mehr Angst vor uns als wir vor ihnen und werden nie groß genug sein, um in wirklich gruseligen Horrorfilmen mitspielen zu können. Und egal, wie frech so 'ne Spinne wird, bevor sie »du Arsch ...« sagen kann – zack, platt getreten.

Wir können uns in Deutschland darüber echt glücklich schätzen. Wenn Sie es mir nicht glauben, dann reisen Sie mal nach Australien und schauen Sie sich dort die Biester aus nächster Nähe an. Die Vegetation in Australien und seine Tierwelt sind einfach auf einem ganz anderen Level. Und zwar auf einem üblen Level! Wenn wir uns in einem Videospiel bewegen würden, wäre Deutschland Level 1 und Australien läge irgendwo auf Level »Hölle«! Es ist nämlich kaum mit dem uns aus Deutschland Bekannten zu vergleichen. Alles ist irgendwie größer, gefährlicher und giftiger. Alles in Australien – und nein, ich bin gerade gar nicht dramatisch – will Sie schlicht umbringen. Die Spinnen, die Schlangen, die Krokodile, die Haie, die Quallen,

Pflanzen und sogar gewisse Australier sind mit Vorsicht zu genießen. Ja, fragen Sie mal die Aboriginies. Australien ist tödlich! Sie glauben mir nicht? Hier ist der Beweis: Australien ist so groß wie Europa, hat aber nur 25 Millionen Einwohner. Wieso? NA, WEIL ALLE ANDEREN UMGEBRACHT WURDEN!

Meine Frau ist ein großer Australien-Fan, wie übrigens ganz viele Schweizer. Ich weiß nicht ganz genau, warum eigentlich. Vielleicht ist es der schlichte Gegensatz, von dem die Eidgenossen angezogen werden. Australien ist einfach riesig, flach und umgeben vom Meer. Ich hatte mich auf eine Reise mit ihr nach Australien eingelassen, habe aber darauf bestanden, mit einem Wohnmobil das Land zu bereisen:

»Du in einem Wohnmobil? Dass ich nicht lache!«, sagte sie amüsiert.

»Komm, das macht bestimmt Spaß. Wir zwei, in einem Wohnmobil in Australien, das wird unvergesslich! Freiheit pur!«

»Unvergesslich bedeutet nicht immer positiv«, sagte sie mit einem Zwinkern. »Aber okay, ich bin dabei, wenn du mir versprichst, dass du das Chemie-Klo leerst.«

»Okay, wird schon nichts dabei sein.«

Meine Frau hat irgendwie das Talent, die Dinge immer so zu drehen, dass ich ihr am Schluss einen Gefallen schuldig bin. Ich weiß nicht, ob das generell eine weibliche Fähigkeit ist. Denn eigentlich wollte sie ja unbedingt nach Australien, während ich lieber nach Neuseeland gereist wäre. Wieso war ich also am Ende für das Chemie-Klo zuständig? Mir passiert das ständig mit ihr.

Aber egal, ich hatte erst kürzlich eine Begegnung mit einer Politesse und wollte endlich Urlaub in einem Land machen, das eben nicht überreguliert ist und mich in meinem Wohnmobil in Ruhe reisen lässt. Sie wollen wissen, was da passiert ist? Okay.

Ich war am Tag zuvor beim Bäcker und noch keine fünf Minuten im Laden. Als ich wieder raus kam, stand da eine Politesse und schrieb gerade einen Strafzettel. Also ging ich zu ihr hin und flötete:

»Hören Sie mal, ich war nur kurz beim Bäcker, keine fünf Minuten.«

Sie ignorierte mich und schrieb das Ticket weiter aus. Das stachelte mich noch weiter an, ich wurde etwas unbeherrschter:

»Hallo? Sind Sie taub, ich war nur gerade beim Bäcker!«

Sie sah mich an und sagte:

»Dafür kann ich nichts. Sie dürfen hier nicht parken und außerdem sollten Sie sich etwas zurückhalten!«

So langsam ging mir das auf den Zeiger. Also nannte ich sie eine Kuh und sagte ihr noch, wo sie sich ihr beschissenes Knöllchen hinstecken könnte.

Da wurde die auf einmal richtig stinkig, faselte etwas von Anzeige und einem gewaltigen Nachspiel für mich. Sie zog dann unter dem Hinweis auf die nun folgende Anzeige wegen Beleidigung von dannen und stopfte das Knöllchen unter den Scheibenwischer.

Mir war das egal ... denn ich war zu Fuß da! Hehehe.

Schließlich machten wir uns also auf die Reise nach Down Under. Allein schon der Flug war eine Tortur. Ich bin mir sicher, dass ein Tiertransport in Deutschland humaner abläuft als ein Flug nach Australien via Dubai. Als wir den Flughafen in Sydney mit unseren Koffern endlich verließen, fühlten wir uns wie drei Mal durch die Pasta-Presse gequetscht und mit einer Gabel aufgerollt. Ich weiß nicht, was es ist, das Essen, die Luft, die engen Sitzplätze? Oder sind es einfach nur die vielen Menschen in einer Büchse Blech, die, je länger der Flug dauert, umso genervter und verrückter werden?

Es gibt kaum einen besseren Ort, die Psyche der Menschen zu beobachten, als beim Fliegen. Obwohl du Plätze zugewiesen bekommst und das Flugzeug kaum ohne dich starten wird, stellen sich viele schon lange vor dem Aufruf in die Schlange. Gleichzeitig macht ihnen das lange Stehen und Warten aber zu schaffen, weshalb sie genervt und gestresst ausschauen. Eigentlich könnten sie ja noch gemütlich im Kaffee um die Ecke sitzen und auf den Aufruf des Bodenpersonals warten. Genug Zeit, die 200 Meter bis zum

Gate zurückzulegen, hätten sie auch dann noch locker. Das sind auch genau dieselben Menschen, die nach der Landung schon im Gang des Fliegers stehen, um sich dann gegenseitig die Handgepäckkoffer aus dem Ablagefach um die Ohren zu hauen, obwohl der Flieger die Parkposition noch nicht mal erreicht hat. Es ist tatsächlich einmal passiert, dass eine ziemlich coole Stewardess nach der Landung folgende Durchsage gemacht hat:

»Meine sehr geehrten Damen und Herren, ich heiße Sie herzlich willkommen am Flughafen Berlin-Tegel. Es ist 13.15 Uhr und die Außentemperatur beträgt 13 Grad. Ich bitte Sie höflich, sitzen zu bleiben, bis wir unsere finale Standposition erreicht haben und die Türen für Sie öffnen können. Ich kann Ihnen bei dieser Sache versichern, dass es in der gesamten Geschichte der Luftfahrt noch nie einen Passagier gegeben hat, der diese Standposition vor dem Flugzeug erreichen konnte. Also bleiben Sie entspannt sitzen.«

Applaus! Der Beruf der Stewards und Stewardessen muss wirklich nicht einfach sein. Passt eigentlich noch irgendeiner von den Passagieren auf, wenn die Stewardess die Übungen für den Notfall zeigt? Wieso eigentlich nicht? Wissen wir wirklich alle, was im Notfall zu tun ist, wenn wir doch nie zugehört oder dieses komische Notfallblatt im Sitz studiert haben?!

»Der Gurt geht so auf und so zu … da sind die Ausgänge … wenn der Druck …«, sagt die Stewardess. Und die Passagiere denken nur: »Wann gibt's was zu essen? Ich hab Durst!«

Wahrscheinlich fühlen wir uns mittlerweile zu sicher. Doch ich wäre nicht Kaya, hätte ich nicht eine Superidee, wie man jeden, und ich meine absolut jeden Passagier, dazu bringt, die Sicherheitsübungen minutiös und Wort für Wort zu verfolgen! Es ist eigentlich sehr einfach. Der Kapitän bräuchte nur diese Ansage zu machen:

»Guten Tag, meine Damen und Herren. Willkommen an Bord der Lufthansa 747 von Frankfurt nach Berlin. Geschätzte Flugzeit ca. 45 Minuten. Das Wetter in Berlin: Sonnig und um die 18 Grad. Ich hoffe, Ihnen gefällt es bei uns.

159

Ich wünsche Ihnen einen angenehmen Flug. Ach ja, bevor ich es vergesse: Bitte schenken Sie der Stewardess mit den Sicherheitsübungen größtmögliches Interesse. Der Flug hierher war schon ein Desaster, die Maschine fällt bald auseinander ...«

Doch zurück zu unserer Reise nach Sydney. Dort angekommen, waren wir zwar eigentlich fertig mit den Nerven, aber wer will sich schon beschweren, wenn er eine solche Reise machen darf. Wir waren nun tatsächlich in Australien und wollten den Flug jetzt einfach verdrängen. Schon am nächsten Tag schnappten wir uns unser Wohnmobil von der Vermietungsfirma und fuhren los. Natürlich musste ich eines der größten Fahrzeuge mieten, die im Angebot waren, und fuhr stolz und euphorisch los.

»Meinst du nicht, wir haben es übertrieben? Kannst du mit dem Ding überhaupt einparken?«

»Klar Schatz. Schließlich gibt es eine Rückwärtskamera.«

Die Kamera stieg übrigens nach weniger als 20 Kilometern aus und funktionierte bis zum Schluss des Trips nicht mehr. Das heißt, bei jedem Einparkversuch musste meine Frau draußen stehen und wie wild gestikulieren und schreien. Das waren lustige Kommunikationsübungen, sag ich Ihnen!

»Achtung!!!«

Brummmm

»Hey, ACHTUNG!!!!«

BRUMMM

»Stooooooooooooooopp!«

»Mann, Schatz, was schreist du jetzt plötzlich Stopp?«

»Ja, weil, also du hast fast das Zelt des Nachbars mit diesem Riesending platt gemacht. Und ich bin mir, ehrlich gesagt, nicht sicher, ob im Zelt der Nachbar gerade schläft ... oder bis vor kurzem schlief«, schnaubte meine Frau total gestresst.

»Wieso sagst du denn nicht einfach früher Stopp?«, schrie ich wütend aus meiner Fahrkabine raus.

»Ich sagte doch mehrmals Achtung! Was machst du mich jetzt an?«, erwiderte meine Frau entrüstet und verschränkte wütend ihre Arme.

»Achtung, Achtung, Achtung … das kann ja alles heißen! Achtung, nicht zu schnell. Achtung, nicht so schräg! Achtung, der Nachbar tanzt gerade nackt um sein Zelt, ich glaube sowieso, das ist hier ein FKK-Campingplatz! Woher soll ich wissen, was du meinst?«

»Ach park doch deinen bekloppten XXL-Camper selber ein. Ich hol mir was zu essen!«

Ich hatte gedacht, die Reise in Australien wird mir ein Gefühl der Freiheit bescheren, ein Gefühl, das ich teilweise in Deutschland vermisse. Nur aus diesem Grund wollte ich ein Wohnmobil mieten und nicht, wie ich das schon auf Tour in Deutschland machen muss, ständig in Hotels pennen. Ich wollte in einem Land sein, das nicht von Regeln übersät ist und mir etwas Luft lässt. Denn ganz ehrlich, auch die Schweiz ist nicht weniger reguliert als Deutschland. Beide Länder geben mir Sicherheit und klare Strukturen, sie fühlen sich aber manchmal auch einfach überreguliert an.

Wir haben für die dümmsten Angelegenheiten Regeln und Verbote. Sogar wenn ich einen neuen Zaun um mein eigenes Haus bauen wollen würde, bräuchte ich dafür zuerst eine Bewilligung der Gemeinde. Dann würde von einem Menschen, den ich nicht kenne, entschieden werden, ob die Farbe und das Design des geplanten Zauns in die Umgebung passt. Irgendwie absurd, die Gesellschaft, in der wir leben. Wir haben das Konzept des Eigentums, aber sogar, wenn du was besitzt, kann der Staat immer noch sagen: »Nein Herr Yanar, die Fassade dürfen Sie nicht gelb streichen. Bitte bleiben Sie bei zartrosa!«

Australien habe ich mir immer komplett anders vorgestellt, irgendwie wilder. Vielleicht war ich da auch zu sehr beeinflusst von »Crocodile Dundee«, der in seinen Filmen als coole Socke in einer komischen Lederweste (die bei jedem anderen Mann total beschissen aussehen würde) rumlief und Bösewichte mit Messern bedrohte. Er prügelte sich durch Bars, ritt auf Krokodilen und küsste seine Frau, wann und wo er wollte.

Ich stellte mir den Campingurlaub mit meiner Frau nicht ganz so vor, aber vielleicht wie eine spießige Version von

Dundee's Leben: Morgens irgendwo an einem abgelegenen Ort aufwachen, Frühstücken an einem einsamen Strand und anstatt einer Morgendusche einen Sprung ins Meer … doch falsch gedacht. Denn freies Campieren ist in Australien mittlerweile streng verboten. Das Einzige, was die Australier noch zulassen, sind Übernachtungen auf den sogenannten »Resting Areas« (Bereiche zum Ausruhen) direkt an der Hauptstraße. Und glauben Sie mir, dort wollen Sie nicht übernachten. Diese Stellen verfügen meistens über ein stinkendes Plumpsklo, sind aber trotzdem mit Klopapier und anderem Abfall übersät. Dazu kommt, dass die großen LKWs oft nachts durchfahren und daher mit Vollkaracho an dir vorbeisausen. Es ist dort also laut, es stinkt und war weit weg von meiner romantischen Dundee-Fantasie. Somit blieb uns nichts anderes übrig, als die Campingplätze aufzusuchen und dort um ein Plätzchen zu bitten. Was mich daran aufregte? So einiges!

Die Plätze hatten ein Check-in-Büro, welches aber immer gegen 5 Uhr abends zumachte, weil die wohl nichts von langen Arbeitszeiten halten. Natürlich hatte keiner der Campingplätze ein Online-Buchungssystem. Man musste vor Ort sein, bevor die ihre Türen schließen. Haben Sie sich mal die Distanzen in Australien angeguckt? Teilweise rasten wir wie die Bekloppten zum nächsten Campingplatz, nur um uns dort rechtzeitig anmelden zu können. Doch endlich angekommen, konnten wir nichts anderes mehr machen, als vor unserem Wohnmobil zu hocken und anderen Campern dabei zuzusehen, wie sie sich ihr Abendessen zubereiteten. Denn es wurde dann auch schon bald stockdunkel. Die Campingplätze waren richtig eng und ausschlafen konnte man vergessen, auch weil einige Australier einen eigenen Stromgenerator dabei hatten und den zum Braten ihres Frühstückseis anschmissen. Das war schon eine absurde Situation. So waren wir eigentlich in einem Land, das größer ist als ganz Europa, wurden aber beim Camping eingepfercht wie Pferde im Stall.

Ich konnte nicht recht verstehen, wie dies den Menschen tatsächlich gefallen konnte. Ich fing an, mein gemütliches Zuhause zu vermissen. Zu meinem Glück waren jedoch auf den meisten Plätzen Hunde erlaubt. Somit wurde ich auch in Australien angeknurrt und angebellt, wenn ich mein »Zuhause« betrat. Insofern kam doch ein wenig Heimatgefühl auf.

Nun gut, es war nicht wie gedacht, aber wir wollten das Beste daraus machen und überlegten uns, was uns auf andere Gedanken bringen könnte. Wir lagen auf dem Bett im Wohnmobil, schauten zur Decke und besprachen, wie wir unsere Laune verbessern könnten. Schließlich sagte ich: »Ich liebe ja das Meer und eine Art Bootsausflug wäre sicher klasse!«

»Ich weiß nicht Kaya, ich werde doch so schnell seekrank!«, sagte meine Frau mit besorgter Miene.

»Und wenn wir was mit Schnorcheln oder Tauchen machen? Dann kannst du immer wieder ins Wasser und bleibst nicht lange auf dem Boot.«

»Hmmm. Ich habe gelesen, dass man zu dieser Jahreszeit fünfhundert Kilometer nördlich von hier mit Walhaien schwimmen kann. Dazu hätte ich Lust.«

»Spinnst du? Ich will doch nicht gefressen werden! Weißt du denn nicht, dass dich alles in Australien töten will? Die Spinne, die Schlange, das Krokodil, die Haie ... ALLES!«

»Walhaie sollen total friedlich sein. Vorne bei der Rezeption lag eine Broschüre dazu. Sie kommen auch hier an der Küste vorbei, leider sind wir etwas zu spät und müssten daher ein ganzes Stück hochfahren.«

»Hmmmm... diese Fahrerei geht mir auf die Nerven. Und das für Haie, die mich vielleicht doch attackieren wollen.«

»Baby, die haben noch nie attackiert. Die werden auch dich in Ruhe lassen.«

»Ansonsten kenne ich die Regel, die man befolgen muss, wenn dir ein Hai begegnet und du nicht willst, dass er dich frisst. Willst du sie hören?«

»Na klar!«

»Also man soll ganz viele Laute von sich geben. Ich würde ihm wahrscheinlich sofort sagen, dass ich Vegetarier bin.«

»Und was, wenn ihm das egal ist?«

»Dann sage ich ihm, dass ich ein Türke bin und sicher zu exotisch für ihn schmecke!«

»Ich kenne schon die Antwort des Hais«, lachte meine Frau.

»Die wäre?«

»LECKER, DÖNER!!«, sagte sie und lachte auf.

Nachdem ich ein Kissen auf den Kopf meiner kreischenden Frau schlug, entschied ich mich, einen Ausflug zu den Haien zu buchen. Wir stellten für nächsten Tag den Wecker, um die Strecke an einem Tag zu schaffen. Fünfhundert Kilometer rote Wüste und kaum eine Menschenseele, bis wir am Ziel ankamen und sofort ins Touristenbüro rannten.

»Acht von zehn Touren wurden bereits abgesagt, da der Wetterbericht für morgen nicht gut ausschaut. Ich kann Sie für eine der zwei verbleibenden Touren einschreiben. Es ist aber gut möglich, dass auch diese abgesagt wird«, erklärte mir die Angestellte im Touristen-Büro.

»Dann sollten wir besser nicht buchen, Schatz! Mir wird speiübel werden und die Apotheken sind bereits geschlossen. Woher bekomme ich noch Pillen gegen Seekrankheit?«, mischte sich meine Frau nun energisch ein.

»Mann! Ich bin gerade fünfhundert Kilometer gefahren, ich will jetzt diese bekloppten Haie sehen. Und außerdem, die werden den Ausflug nicht durchführen, wenn es zu unsicher ist. Und das Team auf dem Boot hat bestimmt eine Pille für dich morgen.«

Da ich schon seit Beginn der Reise die ganze Strecke allein gefahren war, weil meine Frau dieses Monstrum von Wohnmobil nicht selber fahren wollte, erkannte sie wahrscheinlich meinen Frust und gab nach. Wir buchten also den Trip für den nächsten Tag, sollte er doch noch abgesagt werden, würde ich einen Anruf bekommen.

Wir checkten im nahe gelegenen Campingplatz ein und versuchten uns auf das bevorstehende Abenteuer zu freuen. Doch der Wind wurde immer stärker und unser Wohnmobil schaukelte die ganze Nacht hin und her. Meine Frau konnte kein Auge zumachen und wurde panisch:

»Die spinnen doch, die Australier, wir werden noch bei diesem Wetter sterben! Das können die doch nicht machen. Für Geld gehen die über Leichen, ich sage dir, über Leichen!!«

Ich versuchte sie zu beruhigen und sagte:
»Baby, das wird schon gut gehen. Vielleicht rufen die auch noch kurz vor dem Trip an und sagen ab.« Doch leider passierte das nicht und wir wurden pünktlich um 7.30 Uhr morgens abgeholt. Der bunt bemalte Minibus wurde von einer Frau namens Kelly gelenkt, die zwar klein war, aber ziemlich sportlich und taff aussah. Daneben saß ein junger Typ namens Josh. Ein typischer Surfer: drahtig, braun gebrannt und mit einem Lächeln im Gesicht. Sie begrüßten uns freundlich, doch meine Frau sah beide missmutig an und suchte sich stumm einen Platz im Bus.

»Tut mir leid. Meine Frau wird schnell seekrank und sorgt sich bei dem starken Wind zudem um unsere Sicherheit«, erklärte ich, um die Situation etwas zu entspannen. »Ich war selber schon sehr oft auf See und habe überhaupt keine Angst«, fügte ich noch hinzu. Warum ich genau das noch sagen musste, weiß ich auch nicht mehr. Vielleicht wollte ich die Australier beeindrucken. Denn die sehen immer so aus, als ob sie vor nichts Angst hätten und eine Woche ohne Proviant und nur mit einem Messer im Dschungel überleben würden. Ich dagegen überlebe keine Stunde backstage in Köln ohne einen Müsliriegel, aber das mussten die ja nicht wissen, dachte ich mir.

»Das wird schon gut werden«, sagte die Kelly hinter dem Steuer.

»Habt ihr eine Pille gegen Seekrankheit für sie?«, fragte ich.

»Sorry Mate. Laut Vorschrift dürfen wir keine Medikamente aushändigen«, informierte mich Josh mit einem entschuldigenden Blick.

»Ach ja, natürlich, noch mehr Vorschriften … Ich meckere nie wieder über Deutschland. Australien ist überhaupt nicht besser«, dachte ich mir.

»Frag doch bei den anderen Ausflugteilnehmern. Es hat eigentlich immer jemand was dabei«, fügte Josh noch hinzu.

Und so war es auch. Eine Engländerin mit Rasta-Frisur kramte in ihrer Tasche und zeigte stolz eine angefangene Pillen-Packung mit drei Pillen drin.

»Man muss die einnehmen, bevor wir auf dem Boot sind«, meinte sie ernst. Meine Frau stürzte sich wie eine Heroinabhängige auf eine der Pillen und bedankte sich überschwänglich bei dem Bob-Marley-Verschnitt.

»Möchtest du auch eine?«, fragte sie nun mich.

»Nein nein. Es gibt bestimmt noch jemanden in der Gruppe, der die letzte Pille dringender braucht«, antworte ich laut und fügte selbstbewusst hinzu: »Ich bin Türke, Seefahrervolk. Magen aus Stahl. Hier, meine Frau, Schweizerin. Die braucht die Pillen.«

»Ich nehme die! Danke!«, unterbrach mich schließlich eine Deutsche im Bus und spülte die letzte Pille mit viel Wasser runter. »Ich werde eigentlich auch nicht seekrank. Aber sicher ist sicher. Magen aus Stahl, wow! Uaa... du siehst diesem Komiker echt ähnlich, hat dir das mal jemand gesagt?! Woww, wie aus dem Gesicht geschnitten, ist der dein Bruder?«

»Was? Nee. Mein Bruder ist Informatiker!«

»Krass eh... hat dir das wirklich noch niemand gesagt? Uaaaa, wie heißt der noch mal ... Bülent oder so? Kennst du den?«

»Noch nie gehört!«, räusperte ich.

Die ganze Aktion entpuppte sich als aufwendigeres Unterfangen als ursprünglich von mir gedacht. Denn in meiner Denke wären wir einfach mit dem Boot rausgefahren, wären ins Wasser gesprungen, hätten die Haie gesehen (oder auch nicht, bei meiner Planung) und würden danach was essen gehen. Nicht so in Australien: Wir fuhren raus und mussten auf dem schwankenden Boot erstmal einen Film anschauen, wie man sich im Wasser gegenüber den Tieren verhalten muss. Es war ziemlich kühl, da wir im australischen Winter dort waren. Der Wind fegte uns um die Ohren. Es schwankte auch ziemlich und ohne Bewegung fand ich es nicht gerade angenehm in meinen viel zu leichten Klamotten. Nach dem Film hielten die Instruktoren noch einen Vortrag und machten mit uns ein kleines Quiz:

»Sind die Walhaie mehr Wal oder Hai?«

»Beides. Schizophren halt. Sehen aus wie Haie, aber friedlich wie Wale. Bekiffte Fische halt«, dachte ich, »können wir jetzt endlich ins Wasser?!«

Ich bin nicht wirklich ein Theoretiker, es fiel mir schon immer schwer, in der Schule ruhig zu sitzen und von Dingen nur in Büchern zu lesen. Nicht mal in meinem Beruf schaffe ich es, mich akkurat vorzubereiten. Aus diesem Grund verzweifeln auch regelmäßig Produktionsfirmen an mir. Nie halte ich mich an Texte, weil ich die einfach nicht lerne. Betrifft sogar meine eigenen Texte, mein Hirn speichert nie etwas. Ich vergesse Namen, Orte und manchmal auch, was ich grad gesagt habe. Oft improvisiere ich in meinem Beruf, aber die Produktionsfirmen geraten da natürlich immer ins Schwitzen:

»Was? Wieso macht der jetzt Witze über Terroristen?? Das war nicht abgesprochen, er sollte doch über Smombies sprechen!!!«

Egal, nach dem bekloppten Quiz bekamen wir endlich unsere Neoprenanzüge und die Schnorchelausrüstung. Und dann passierte es: lange nix!!! Wir mussten erneut warten und es schwankte derweilen weiter. Über uns kreiste ein kleines Flugzeug, aus dem per Funk unserem Boot mitgeteilt wurde, wo sich die Walhaie hinbewegten. Meine Frau hockte in ihrem Neoprenanzug und einer Schwimmnudel unter dem Arm auf der Bank, umklammerte eine Tasse Ingwertee und sagte:

»Ich weiß nicht, ob ich in dieses offene Meer springen sollte, Schatz. Ich habe vorhin eine Riesenqualle gesehen, doch die Gruppenleiterin meinte nur ›Ach, die ist nicht tödlich!‹ Vielleicht nicht tödlich, aber wahrscheinlich verätzt mir das Ding das Gesicht … Ach was mache ich nur hier? … Na ja. Hauptsache, ich muss nicht kotzen!«

Ja, das ist beinah schon typisch australisch. Nonchalant im Angesicht des Todes. Als wir das Reisemobil ausliehen, war eine kleine Spinne auf dem Armaturenbrett. Der Typ der Mietwagenfirma sagte beiläufig: »Ah, eine Huntsman-Spinne, ist aber noch eine kleine.« Ich googelte sofort dieses Viech. Die können beißen und werden riesig! Und wer sagt mir, wann das Miststück ausgewachsen ist? Ich sag's ja: Australien ist tödlich … für meine Nerven!

Dann kam er, der erlösende Ruf »Walhai!!!! Schnell schnell, alle ins Wasser, mir nach!«, schrie die Instruktorin.

Wir watschelten total aufgeregt und unkoordiniert wie Zirkusclowns zum hinteren Teil des Bootes und sprangen auf ihr Kommando rein. Im Wasser schwamm sie voraus und schrie irgendwann:»Und jetzt Kopf unter Wasser!«

Ich war in Vollaktion und ganz weit vorne, da war er, das große Ding. Er war definitiv mehr Hai als Wal, schaute mich aber ganz friedlich an und ließ mich etwas neben sich her schwimmen, bis er schließlich in den Tiefen des Meeres wieder verschwand. Es waren vielleicht 10 Sekunden, schon beeindruckend, denke ich.

Ich hörte, wie Kelly»zurück ins Boot« schrie, da drehte ich mich um. Ich war ziemlich weit weg von der Gruppe, meine Frau war ganz hinten, die Einzige, die mit einer Schwimmnudel unterwegs war.»Die Arme«, dachte ich.

Als wir auf dem Boot waren, sagte sie mir frustriert:»Ich habe mich nicht so richtig getraut und kaum was von dem Hai gesehen. Wie war es?«

»Schon sehr beeindruckend. Viel näher kommt man wahrscheinlich auch nicht ran, als ich das gerade getan habe. Doch, es war eine super Erfahrung.«

In dem Moment fragte ich mich selber, war das jetzt ein lebensverändernder Moment in der Natur? Ich war schon euphorisch, doch leider fing jetzt wieder das Warten an. Rund eine Stunde passierte nix, und ich wusste nicht, was ich mit der Zeit auf dem Boot anfangen sollte. Meine Frau unterhielt sich mit der jungen deutschen Frau der Gruppe:

»Ich werde schon oft seekrank. Aber mit der Pille, dem Ingwertee und der frischen Luft geht es grad so.«

»Gut ist auch, wenn du dich auf einen Punkt fokussierst. Vielleicht irgendeinen Hügel, wenn du Richtung Küste schaust.«

Ich saß etwas entfernt von den Mädels, hörte zuerst zu, dann schien das Gespräch aber in den Hintergrund zu rücken und ich wurde etwas müde, dann schloss ich die Augen. Ich spürte plötzlich die Hand meiner Frau auf meiner Schulter und ihre Stimme, die meinte:»Baby, geht es dir gut? Falls dir schlecht ist, mach die Augen lieber nicht zu. Ich bringe dir Tee.«

Mir wurde irgendwie so komisch, ein Gefühl, das ich nicht beschreiben konnte. Ich wollte mich hinlegen und lag einfach auf den Boden des Bootes, die Augen wieder geschlossen. Ich hörte erneut eine Stimme: »Setz dich besser hin, Kaya, mach die Augen auf und trink den Tee. Kaya?«

Ich dachte mir nur »Lasst mich, ich weiß schon, was gut ist für mich.« Doch es dauerte nur noch fünf Minuten, dann hing ich über der Reling und übergab mich. Immer wieder diese Würgegeräusche, die ich in keinster Weise kontrollieren, geschweige denn in ihrer Lautstärke eindämmen konnte. Es war so peinlich, aber ich konnte nichts machen.

Und was machte der Rest der Gruppe? Sie redeten scheinbar unbekümmert weiter und überließen mich meinem Schicksal. Einige drehten sich peinlich berührt weg und zwischen meinen Würgegeräuschen hörte ich, wie die deutsche Frau zu meiner sagte:

»Magen aus Stahl, eh? Ah! Jetzt habe ich's: Was Gguckst du?! Oder besser: Was kotzt du?! HAHAHA! Das ist Kaya Yanar!«

Erst als ich scheinbar alle meine Innereien den Fischen zum Fraß vorgeworfen hatte, kam meine Frau mit einer Tasse Tee und ein paar Taschentüchern zu mir.

»Wieso ignoriert ihr mich alle?«, fragte ich sie empört.

»Ja Schatz, es ist doch ein ungeschriebenes Gesetz, dass man den Seekranken einfach mal kotzen lassen muss. Außerdem, was sollte ich machen, deine Haare nach hinten halten?«

»Unverschämt!!«, schnaubte ich zurück und fügte noch an: »Das ist total entwürdigend hier!«

»Schatz, ganz wichtig. Ich kenn mich aus. Wenn wir das nächste Mal ins Wasser springen dürfen, mach unbedingt mit, im Wasser geht es dir sofort besser!«

»Nein ... es geht mir ja schon jetzt besser. Und ich habe den bekloppten Fisch ja gesehen. Näher als ich kommt sicher keiner mehr an die ran.«

»Kaya, sei nicht stur. Es geht dir jetzt im Moment besser. Aber wenn wir noch mal eine Stunde hier rumschwanken, wirst du wieder leiden. Geh mit ins Wasser!«, versuchte mich meine Frau nochmals zu überzeugen.

»Das Wasser ist zu kalt. Es geht mir wirklich besser. Ich bin ja sonst nie seekrank. Vielleicht hab ich nur was Komisches gegessen. Es muss dieses Frühstück gewesen sein heute. Aber das ist jetzt draußen ... Alles gut!« Und so blieb ich stur und auf dem Boot hocken, während nur wenige Minuten später alle auf das Kommando von Kelly wieder ins Wasser sprangen. Meine Frau stand dieses Mal todesmutig mit der Schwimmnudel unter dem Arm direkt hinter Kelly und schwamm auf ihr Kommando wie eine Wilde ins offene Meer hinaus. Ich beobachtete das Spektakel kurz, trank etwas vom Tee, biss in einen Keks und kaum war die Gruppe unter Wasser, kotzte ich wieder los. Schließlich musste ja einer die armen Fische auch füttern. Es war unglaublich, ich dachte mir nur immer wieder: »Ich bin für Australien nicht gemacht. Ich bin für Australien einfach nicht gemacht.« Ich weiß nicht, wie viel Zeit verging, aber die Gruppe schwamm irgendwann wieder zurück Richtung Boot. Ich versuchte, so gut es ging, zu lächeln, um meine letzte Kotzorgie ein Geheimnis zwischen dem Skipper und mir sein zu lassen. Ich entdeckte meine Frau mit der pinken Schwimmnudel, die mich mit dem breitesten Grinsen anschaute und einen Daumen hochstreckte. Kaum im Boot, watschelte sie mit ihren Flossen zu mir:

»Du, ich konnte bestimmt zehn Minuten direkt neben dem Hai herschwimmen. Er ließ mich einfach mitschwimmen. Es war magisch, es war fast schon spirituell. Dieses Tier ist so majestätisch und wunderschön. Gott, was für ein Erlebnis. Unglaublich. Ich fühle mich so auserwählt, dass ich direkt neben ihm schwimmen durfte. Oder ihr, vielleicht war es ja ein Weibchen. Ich bin so aufgeregt. Ich hätte ewig so weiterschwimmen könnte. Aber Kelly musste dann abbrechen, weil wir uns zu weit vom Boot entfernten. Ach Schatz, wow! Es hat sich so gelohnt. Dieses Erlebnis werde ich niemals vergessen! Niemals!«

»Oh wirklich, wie schön für dich«, sagte ich mit gedämpfter Stimme, dabei auf meinen Tee starrend, den ich in den Händen hielt, aber aus Angst vor der nächsten Übelkeit nicht trinken wollte.

»Oh… ich spreche nur von mir. Geht es dir besser?«

»Ja, alles gut. Wahnsinn, was man für Kotzgeräusche macht. Die hören sich so unmenschlich an. Die mache nicht ich, sondern mein Körper. Wäre das nicht lustig, wenn wir alle öfter kotzen würden? Zum Beispiel wenn wir wirklich etwas zum Kotzen finden würden?! Kriegsbilder in den Nachrichten: KOTZ! Lügende Politiker: KOTZ! Deutschland wird nicht Fußball-Weltmeister …«

Meine Frau war längst wieder im Wasser und suchte das Weite.

Am Abend duschte ich auf dem Campingplatz ziemlich lange und überlegte mir, ob sich das nun wirklich gelohnt habe. Der Trip kostete pro Person nämlich rund 380 Australische Dollar. Also fasste ich zusammen: 7 Stunden Autofahrt, 3 Stunden Bootsfahrt, 2 Stunden Seekrank, 20 Minuten Kotzen und 10 Sekunden Schwimmen mit Walhai. Check! Dann doch lieber Enten füttern in Deutschland!

Australien ist echt nichts für Warmduscher. Auch wenn wir in Deutschland so gerne über die ernüchternden Temperaturen und das bedrückende Wetter klagen, wenigstens gibt es dort keine Insekten, die dich umbringen wollen und wenn sie es vielleicht doch wollen, können tun sie es dann doch nicht. Beispielsweise stechen dich Bienen nur aus Notwehr. Wenn dich aber eine Biene gestochen hat, dann tut das vielleicht weh und es juckt einige Zeit an der Stelle, aber die Biene ist tot. FINITO! Das Tragische daran ist, dass die Biene das vorher nicht weiß. Denn andere Säugetiere, die sie sticht, haben eine dünnere Haut und der Stachel bleibt nicht stecken. Ich würde gerne wissen, was eine Biene genau in dem Moment denkt, wenn der Stachel abreißt. Wahrscheinlich verfluchen die uns dabei. Wenn die das vorher wüssten, würden sie dich nicht stechen und wahrscheinlich denken:

»Ich würde den Penner so gerne stechen, wenn er doch nur eine dünnere Haut hätte …«

Ich versuchte, mich in Australien von den Rückschlägen nicht unterkriegen zu lassen, machte in den vier Wochen alle möglichen Touren mit und fuhr wie ein Bekloppter durchs Land. Die australischen Gruppenleiter waren immer lustig, etwas frech und vor allem taff. Es waren Naturburschen und Naturburschinnen. Und so sehr ich mich immer für einen Naturmenschen hielt, so merkte ich doch rasch, dass ich keine Sekunde überleben würde, hätte ich die ganzen Annehmlichkeiten des westlichen Lebens nicht.

Nicht einmal eine Fahrt quer über Fraser Island, die mit ihren über 120 km Länge die größte Sandinsel der Welt ist und vor Queensland an der australischen Ostküste liegt, schaffte ich, ohne dass mir schon wieder übel wurde. Asphaltierte Straßen? Fehlanzeige. Nur Dschungel und Sand soweit das Auge reicht. Und im Meer durfte man nicht schwimmen.»Strömung zu stark und Haie viel zu groß«, meinte der Reiseleiter nur. Dieser Typ bretterte übrigens mit Freude mit dem Minibus über jede noch so kleine Unebenheit, ganz egal wie unkontrolliert seine Reisegruppe dabei durchgeschüttelt wurde. Ich schwöre, ich dachte, der Busen der Engländerin neben uns würde uns jeden Moment an den Kopf springen. Meine Frau nimmt mein Meckern generell nie so richtig ernst. Sie sagte mal:»Ich habe da einfach gelernt, auf den ›Stand-by-Knopf‹ zu drücken. Dann kannst du weitermeckern, aber ich höre es gar nicht mehr.«

Und so meckerte ich auf der Fahrt bestimmt zehn Minuten am Stück über den Fahrstil des Gruppenleiters, bis ich schließlich verstummte und meine Augen schloss. Meine Frau schaute mich schockiert an:

»Oh Gott, Schatz, du meckerst nicht mehr. Es muss dir echt schlecht gehen. Oh nein. Ist dir übel?! Musst du dich wieder übergeben?«

Als ich nichts darauf antwortete, schrie sie:

»Hey anhalten!! Sofort. Mein Mann muss vorne sitzen, sonst kotzt er euch den Bus voll!«

Und so schaffte sie es, dass ich keine zwei Minuten später auf dem gut gefederten Beifahrersitz hockte und die Fahrt genoss. Sie ist halt doch eine Löwenmutter, wenn es darauf ankommt. Am Ende des Tages verabschiedete sich der Gruppenleiter bei meiner Frau mit:»Pass gut auf den Kleinen auf!« – So'n Arsch!

Die Demütigung für diesen Tag war mit dieser Verabschiedung dann komplett. Wir verließen kurz darauf aber sowieso die Ostküste Australiens und flogen in den Westen. Diese Küste entpuppte sich als ziemlich verlassen, was wohl viele Touristen anzieht. Weniger Infrastruktur und Kilometer lange einsame Strände und ... enorm viel rote Erde. Wir düsten mit dem Wohnmobil Richtung Norden, die Augen auf die Straße fixiert, weil wir am ersten Tag fast ein Känguru überfahren hatten. Als wir am vierten Tag einigermaßen entspannt plauderten und mit 100 km/h über die Straßen fuhren, passierte es. Ein lauter Knall ertönte und wir kamen ins Schleudern. Zuerst zog es uns auf die andere Fahrbahn und ein entgegenfahrendes Fahrzeug musste ganz von der Straße weichen, kurz danach zog es uns wieder zurück und wir kamen schlussendlich neben der Fahrbahn zum Stehen. Keiner von uns hat während der Aktion geschrien, ich glaube, wir hielten einfach nur die Luft an und beteten, dass der Wagen nicht kippen würde.

Als wir schließlich wieder aus dem Schock aufwachten und realisierten, was gerade passiert war, nahmen wir uns in die Arme. Doch bevor wir miteinander sprechen konnten, klopfte es schon an der Scheibe:»Geht es dir gut, Kumpel?«, sagte ein groß gebauter Mann. Es war der Mann, der uns ausgewichen war.

»Du hast die Situation sehr gut gehandhabt, zum Glück bist du nicht abrupt auf die Bremse getreten. Alles gut bei euch?«, sagte er, als wir aus dem Wohnmobil ausstiegen.
»Ich glaube schon ...«, antwortete ich und betrachtete den Schaden. Der Reifen war komplett weggesprengt und mit ihm auch einige Teile drum herum. Es sah ziemlich gruselig aus. Schließlich sagte ich:
»Wir haben von der Vermietungsfirma einen Pannendienst, ich rufe die jetzt an.«
»Schatz, ich habe hier null Empfang!«, sagte meine Frau mit dem Blick auf ihr Handy.
Der Australier lachte lauf auf und sagte:»Auch wenn du Empfang hättest, Lady, die kommen erst in zwei bis drei Stunden. Wir sind hier ziemlich weit draußen. Das müssen wir schon selber machen.«

Natürlich schafften wir es nicht, mit den Werkzeugen im Fahrzeug die Schrauben zu lockern. Doch der Australier schien unser Superheld zu sein. Er lief zu seinem Truck und holte eine Werkzeugkiste. Mit dem akkubetriebenen Gerät lockerte er die Schrauben und brachte den Ersatzreifen an.

So demütigend Australien auch teilweise war, so fragte ich mich schon, ob wir in Deutschland vielleicht zu verweichlicht werden. Die Infrastruktur, das Gesundheitswesen, die Natur unter Kontrolle und großflächig bevölkert. Selbst die Tour durch Deutschland, die ich eigentlich immer als anstrengend beschrieben hatte, war eigentlich total komfortabel. Ich hatte mir so gar keine Überlebensfähigkeiten antrainieren können. Ich wusste nichts über die Bäume und Pflanzen und hatte keine Ahnung, wie man ohne Streichholz ein Feuer machen kann. Aber woher auch, ich musste ja Latein lernen! Danke Papa!

Die ganze Australienreise war zu viel für mein Gemüt und auch mein Rücken war nach den vier Wochen im Camper am Ende. Schließlich war ich mittlerweile auch schon über 40 und ging direkt auf die 60 zu. Der Flug von Australien nach Hause gab mir dann noch den Rest und ich suchte, zu Hause angekommen, sofort nach einem Massagestudio. Im Internet fand ich ein Studio, das Thai-Massagen anbot und gute Bewertungen hatte.

Die Frau am Telefon konnte kaum Deutsch. Die fehlenden Sprachkenntnisse versuchte sie offensichtlich mit Lautstärke wieder gutzumachen. Sie schrie nämlich in den Telefonhörer.

»Hallo, hallo? Haben Sie heute einen Massagetermin frei?«, fragte ich etwas eingeschüchtert.

»Ähh, Massageeeeee?«

»Ja, Massage. Machen Sie eine Massage?«

»Ja, Thai Massageeeee?«

Mittlerweile war ich schon amüsiert und sagte:

»Was immer das ist, ich hätte das gerne. Haben Sie einen Termin heute frei?«

»Massageeee?«

»Ja, MASSAGGEEEE!«

Da war es wieder, mein Spiegelreflexsyndrom.

»Elf, zwölf oder fünfzehn Uhr Massageeeee?«

»Ja, ich hätte gerne die fünfzehn Uhr Massageeeeeee.«

»Ok. Kommdu fünfzehn Uhr Massageeeeee.«

Kurz vor drei war ich da. Ich klingelte an der Tür und durch die Gegensprechanlage hörte ich die mir mittlerweile bekannte grelle Stimme sagen:

»Massageeeeee?«

»Ja, Massage«, war ganz klar das Codewort.

Die Tür ging auf, ich kam rein, ich habe sie gehört, aber nicht gesehen.

»Massageeeeeeeeee?«, hörte ich erneut das Zauberwort Aber wo war die Tante?

»Ja, Massageeeee. Wo sind Sie, Massageeeeeeee?«

»Hier unten!«

Ach da. Ach du Scheiße. Es war so eine kleine Frau. Die war nur so hoch wie der Tresen, hinter dem sie stand.

»So, hallo Massageeeee fünfzehn Uhr?«

»Ja, fünfzehn Uhr Massageeeeee!«

»Willst du hart oder sanfte Massageeeeee?«

Ich dachte: »Du zierliche kleine Frau«, und sagte selbstbewusst mit einem charmanten Lächeln: »Ich nehme die harte Massageeeeee.«

Hätte ich nicht machen sollen. Die Massage fing damit an, dass die kleine ältere Frau auf die Massageliege kletterte und über mich kroch, um mich dann wie einen Hefeteig zu bearbeiten. Ihre Füße, ihre Ellbogen, sogar ihre Knie setzte sie ein. Die hat mich komplett auseinandergenommen und dann wieder zusammengeflickt. Es war eben eine »Massaaaaaaaaaaaaaaaaaaaaaaaaaaahge!«

Es gibt aber ein anderes Land, das ich – neben Australien – als richtig hart empfinde und mich frage, wie dort so viele Leute leben und überleben können: China. Irgendwie hatte ich ein totales Klischee-Denken in meinem Kopf. Ich dachte immer, das wären dort schüchterne und nette Menschen, die immer nur lächeln würden. Aber das stimmt überhaupt nicht.

Ich hatte die Gelegenheit bekommen, für eine TV-Sendung nach Chengdu zu reisen. Diese Stadt ist die Hauptstadt der Provinz Sichuan im Südwesten Chinas. Sie haben den Namen noch nie gehört? Kein Wunder, es ist auch nur eine Kleinstadt, sie hat nur knapp 14,5 Millionen Einwohner. Dort kann man die Kultur der Privatsphäre absolut vergessen. In Deutschland sagt man ja sehr gerne: »Eine Armlänge Abstand bitte, das ist meine Privatsphäre.« In China haben die gar nicht den Luxus einer Armlänge Abstand. Es gibt einfach wahnsinnig viele Menschen dort. Wenn man in Chengdu die Straße überqueren möchte, kommt einem meist eine Horde von Menschen entgegen. Es geht gar nicht anders, als dass man sich berührt, anfasst, oder sogar zur Seite schiebt. Am Anfang war ich geschockt, doch mein Reiseführer meinte, das sei hier normal. Wenn man durch den Alltag kommen will, kommt man nicht drum herum, sich Platz zu verschaffen und ein paar Leute umzudisponieren.

»Ist das so?«, fragte ich nochmals nach, stürzte mich mit Freude ins Getümmel und schob mit absoluter Leidenschaft ein paar Chinesen durch die Gegend. »Wenn nicht hier, wann dann?«, dachte ich mir dabei.

Das Tolle an der Sache war, dass ich dort Dreharbeiten in einem Panda-Center machen durfte. Die Pandas sind die absolut süßesten und liebsten Tiere dieser Welt. Für mich sind sie die Warmduscher unter den Tieren, aber nicht im schlechten Sinne, sie sind mir total sympathisch. Leider sind diese lebendigen Teddybären mittlerweile vom Aussterben bedroht, weshalb verschiedene Tierschützer darauf achten, dass sie sich in Ruhe fortpflanzen können. Es ist schon lustig, während sich andere Tiere, aber auch die Menschen, unkontrolliert vermehren, scheinen die Pandabären irgendwie nicht so auf Sex zu stehen. Sie scheinen zu gemütlich und irgendwie auch zu kindlich für Sex. Wahrscheinlich reden die abends ein bisschen miteinander und das Männchen sagt zum Weibchen:
»Du, Henriette, hättest du Lust auf etwas Sex?«

»Ach Manfred. Du bist so plump. So mag ich nicht!«

»Jo, dann lass uns nur kuscheln und etwas Bambus essen, bin eh müde!«

Wussten Sie, dass es tatsächlich Panda-Pornos gibt? Das ist kein Witz, ich habe die gesehen. In diesem Panda-Center in China lassen die tatsächlich Filme ablaufen, auf denen Aufnahmen gezeigt werden, wie Pandabären bumsen. Es ist total absurd gewesen, die Pandabären zu sehen, wie sie Bambus fressend vor diesen Bildschirm hockten und sich den Panda-Porno angeguckt haben. Ich weiß nicht, ob diese Methode wirklich funktioniert, denn die Pandas schienen eher gelangweilt als angeregt. Wie auch immer, ich hoffe wirklich sehr, die Pandas sterben nicht aus. Es sind wirklich bezaubernde Wesen und ich kann jedem nur empfehlen, einmal in seinem Leben Pandas aus nächster Nähe zu erleben.

Werde ich meine Kinder verstehen?

Ich bin bekloppt. Das braucht mir keiner zu sagen, ich weiß das selbst. Wahrscheinlich bin schon so auf die Welt gekommen oder bin bei der Geburt vom OP-Tisch gefallen. Aus meiner Mutter rausgeschossen und mit der Nabelschnur Bungee-Jumping gemacht. »Was macht de Baby? Lässt sich bäumeln? Was ist es? Ein Junge, ein Mädchen?«, fragte meine Mutter wahrscheinlich erschöpft den Arzt, der trocken antwortete: »Ein Komiker, tut mir leid. Viel Spaß mit dem!« Allerdings: Ich bin nicht der einzige Bekloppte auf dieser Welt. Alleine, dass Sie dieses Buch gekauft haben und auch noch lesen, entlarvt Sie schon als jemanden, der sich fürs Bekloppte zumindest interessiert. Aber machen Sie sich nichts draus. Bekloppte dürfen auch Spaß haben. Und auch Bekloppte haben übrigens ein Anrecht auf Kinder. Ich will auch Kinder haben. Ich will nicht nur Kinder haben, sondern sogar Kindeskinder. Denn ich möchte irgendwann ein cooler Großvater sein, den die Kids ab und zu im Altersheim besuchen kommen. Weil, wenn ich dann mal so gut achtzig oder neunzig Jahre alt und im Altersheim bin, dann habe ich ja nicht mehr so viel zu tun. Vielleicht noch ab und zu ein kleiner Comedy-Auftritt im Heim (das lasse ich mir auch mit 80 nicht nehmen), aber was kann man im Alter denn sonst so machen? Die ganze Zeit rollst du durch die Gegend, die Partyzeiten sind schon lange vorbei und das Reisen geht wohl höchstens noch auf einem Kreuzfahrtschiff. Das Einzige, was du machen kannst, ist, dir deine Enkelkinder anzuschauen, wie sie größer werden und sich entwickeln. Und das ist, glaube ich, eine wahre Freude, die du im Alter haben kannst, wenn sie dich besuchen kommen, die undankbaren Bengel!

Vielleicht will der Türke in mir unbedingt Kinder haben. Bei vielen Deutschen stellt sich ja manchmal eher die Frage: »Ein Kind oder Karriere?« Aber das stellt sich bei Türken gar nicht:

»Ich bin Türke, ich muss Kinder haben, ich muss! Nee, was Karriere? Ja, wenn kommt, gut, wenn nicht, nicht.«

Ich habe dieses türkische Gen wohl auch in mir. Obwohl, ich sollte ganz ehrlich sein, wenn Sie schon dieses

Buch lesen. Trotz des Drangs zum Kinderhaben stellt mir eine Stimme im Kopf immer wieder eine Furcht einflößende Frage: Was, wenn ich doofe Kinder kriege? Wenn wir ganz ehrlich sind, gibt es nämlich solche und solche. Ich liebe zwar Kinder, aber halt nicht alle. Ja, ich weiß, darüber darf man kaum sprechen, aber seien Sie ehrlich mit sich. Wir alle wissen es.

Okay, es gibt diese Kinder, die sind so süß, die will ich sofort klauen:

»Haaaalllooo, Onkel Kaya. Ich bin ein großer Fan von dir.« Und dabei schauen sie mich mit großen herzerwärmenden Kuller-Augen an. Ich kann dann nicht anders als sie fast aufzufressen und zu meiner Frau zu sagen:

»Oh, du bist so süß. Guck mal, so ein Kind will ich. Schaffst du das, Schatz?! Hä? Kriegst du das hin?«

Und dann gibt's auch noch so – äh – nicht so süße Kinder. Wie soll ich das nur ausdrücken, um politisch noch korrekt zu bleiben? Die gehen einem halt sofort auf den Sack. Ich weiß nicht warum, aber das beruht dann auch auf Gegenseitigkeit. Die schauen dich an und schreien sofort los. Ich erschrecke mich dann und sage:

»Was ist los, hab doch gar nichts gemacht. Hör jetzt auf!«

Doch die schreien noch lauter weiter: »Maamaaa, Mamaaaaaa«, obwohl die gestresste Mutter, die wegen des kleinen Tyrannen kaum zum Haare waschen kommt, keinen Meter von ihm entfernt steht und er gar nicht zu schreien bräuchte. Das sind kleine Tyrannen. Die willst du abtreiben, aber sie sind schon fünf … Oh, Entschuldigung, aber der musste sein.

Ich habe einfach diese Angst und weiß wirklich nicht, was ich machen würde, wenn ich so ein schwieriges Kind kriegen sollte. Ich meine, das ist ja dann da, ich kann es nicht mehr zurückschieben. Ich habe zu diesem Thema meinen indischen Kumpel befragt, der immer eine etwas andere Sichtweise auf die Dinge hat, und meine Perspektive dadurch oft erweitert und tatsächlich so schon einige meiner Probleme lösen konnte. Doch in diesem Fall sagte er nur:

»Kaya, das ist alles Karma. Alles.«

Ich dachte dann:»Okay, Karma – daran glauben die Hindus. Alles, was du im Leben machst, kommt auf dich zurück. Bist du ein guter Mensch, dann widerfährt dir Gutes und du wirst gute Kinder haben. Bist du ein schlechter Mensch und du hast Schlechtes getan, dann kommt das Schlechte auf dich zurück.«

Oh Gott, wenn das stimmt, dann sollte ich definitiv keine Kinder haben! Wissen Sie, ich habe einiges an Karma angesammelt, das kann ich Ihnen sagen. Ich habe zum Beispiel so viele Gags über Hakan und Türsteher gemacht – ich habe Angst, dass ich als Erstgeborenen so einen Hakan in Miniformat kriege. Das wäre dann wirklich Karma, oder?

Ich möchte ja bei der Geburt meines Kindes unbedingt dabei sein, das soll ja ein spirituelles Erlebnis sein. Also für uns Männer, für die Frauen nicht so. Für die Frauen ist Geburt Scheiße. Tut mir leid. Aber ganz ehrlich, ihr seht nicht aus, als würdet ihr dabei Spaß haben. Ich find die Männer immer so süß, die dann danebenstehen und so was sagen wie:

»Ich bin bei dir, Schatz. Ich bin bei dir. Das stehen wir gemeinsam durch!«

Worauf die Frau schreit:»Halt die Fresse!«

Trotzdem, ich möchte es nicht verpassen, wie dieses neue Lebewesen aus meiner Frau herauskommt. Doch das Erste, was ich sehe, ist dann wahrscheinlich ... ein Zopf. Dann eine Goldkette und dann eine Bomberjacke. Und plötzlich hockt ein kleiner Hakan-Türsteher vor mir und sagt:»Eeeey. Hast du meine Mutter gebumst? Damit ist jetzt Schluss. Da kommst du nimmer rein.«

Aber trotz all meiner Ängste, Hakan als Sohn zu bekommen, für mich gehörten Kinder grundsätzlich eigentlich immer zum kompletten Leben dazu. Nur sah es für mich lange Zeit eher schlecht aus. Denn vor meiner Frau war ich ein selbsternannter ewiger Junggeselle. Das war eher so ein Eigenschutz und lag mehrheitlich an meinem Job, durch den ich ständig unterwegs war. Mein Zuhause war ein vernachlässigter Ort, den ich ab und zu besuchte, um mich vom Show-Business zurückzuziehen. Es war eine richtige

Junggesellen-Bude, zwar war sie für eine Person ganz groß und schön, doch sie hatte keine Pflanzen und keine Bilder, der Kühlschrank war eigentlich immer leer und nicht einmal anständige Lampen ließ ich montieren. Ich ließ einfach eine Glühbirne von der Decke leuchten und war zufrieden. Für mich war das okay, ehrlich. Nur wäre es keine wirklich gemütliche Wohnung für ein Kind gewesen. Auch für eine tiefgehende Beziehung sollte mein Leben jahrelang keinen Platz finden. Denn viele Frauen dachten:»Nee, das ist so ein Luftikus ... Der ist nie zu Hause. Der hat bestimmt in jeder Stadt eine andere.« Ich habe damals schon gemerkt, dass der Ruhm zunächst vielleicht Frauen anzieht, der tatsächliche Alltag meines Berufs aber dann wiederum sehr viel abverlangt von einer Beziehung. Schlussendlich muss man sich blind vertrauen können, weil Eifersucht bei dem Job einfach nicht funktioniert. Also, Eifersucht funktioniert generell nicht, nur dass wir uns hier richtig verstehen.

Ich weiß nicht, warum meine Frau so entspannt ist mit mir, aber das war sie schon immer. Und wenn ich sie anschaue, kann ich mir das mit den Kindern schon so richtig vorstellen, denn ich glaube, die Kinder würden süß aussehen, sogar in Hakan-Format, oder?

Süße Kinder mit der richtigen Frau macht dann sicherlich Spaß ... wenn wir aber auch hier ehrlich miteinander sind, dann nur ungefähr zwölf Jahre lang! Denn dann kommt nämlich die Pubertät! Das ist der Zeitpunkt, wo Kinder erwachsen sein wollen. Das Ziel:
Für die Jungs: Ryan Reynolds. Für die Mädels: Scarlett Johansson.
Das Ergebnis:
Für die Jungs: Conchita Wurst. Für die Mädels: Conchita Wurst.

Kein Wunder sind die dann frustriert und lassen alles an den Eltern aus. Schließlich haben sie von denen auch die Gene. Mädchen schmeißen ihre Barbie-Puppen weg und sammeln Schuhe. Jungs schmeißen ihr Playmobil weg und sammeln Mädchen. Ich weiß nicht, ob ein pubertierendes Kind dann noch mit einem Komiker als Vater klarkommt.

Am Anfang der Beziehung mit meiner Frau wollte ich ja unbedingt sofort Kinder haben, obwohl wir uns noch kaum kannten. Dieser Wunsch überraschte mich damals selber. Wahrscheinlich war es eine kleine Torschluss-Panik-Aktion. Ich war damals nämlich 39 und wollte eigentlich kein alter Vater werden. Mein eigener Vater war ein alter Paps und eine Zeit lang habe ich gedacht, dass er altershalber keine wirklich starken Nerven für uns hatte. Heute glaube ich das zwar nicht mehr. Dennoch, sollte ich in nächster Zeit noch eine Familie gründen wollen, muss ich dringend auf meine Gesundheit achten. Aber wie soll das in meinem Job gehen?

Nein. Ich bin kein sportlicher Mensch, das wollen wir jetzt mal feststellen. Deswegen: Ich habe vielleicht zwei, drei gute Jahre, dann geh ich auf wie ein Döner. Wer spielt dann mit den Kleinen Fußball? Ich höchstens auf der Playstation.

Je älter ich werde, desto mehr muss ich auf meine Ernährung achten. Früher konnte ich alles essen, mein Körper war eine Müllverbrennungsanlage. Heute sitze ich nur neben Süßigkeiten und nehme zu. Je mehr ich mich mit Ernährung beschäftige, desto verwirrter werde ich. Sie finden zu jeder Ernährungsweise Bücher, die genau das Gegenteil von dem behaupten, was du gerade gelesen hast. Low-Carb, High-Carb, Paleo, Galileo, Steinzeit-Diät, wo man nur Steine futtern darf. Ich habe alles ausprobiert, momentan bin ich Vegetarier. Manchmal schaffe ich es auch, vegan zu sein. Ich finde die vegane Ernährung sympathisch, im Gegensatz zu vielen Veganern selbst. Leider sind diese oft rechthaberisch und überheblich. Vielleicht denken sie auch, mit einer veganen Ernährungsweise wird man unsterblich. Dann rauchen und saufen Sie besser, denn niemand kommt hier lebend raus.

Der Veganismus kommt ohne tierische Ressourcen aus. Ich kann Ihnen wirklich nicht sagen, ob das der richtige Weg ist, das müssen Sie schon selbst rausfinden. Aber ich mag den Gedanken, so wenig wie möglich von diesem Planeten zu verbrauchen für unser doch eher kurzes Gastspiel auf Erden. Vor allem will ich ja so viel es geht für meine Kinder hinterlassen. Wenn ich denen alles wegfuttere, werden sie mir später dafür danken.

Worauf wir uns einigen können: Zucker ist reines Gift. Das Zeug kann nix, außer den Körper zu zerstören. Und ich gehöre bereits lange Jahre zum Club der Anonymen Zuckerholiker. Ich wusste gar nicht, wie abhängig ich von dem Zeugs war, bis ich mal versuchte, darauf zu verzichten. Ich habe versucht zu tricksen mit Zuckeraustauschstoffen: Stevia, Maltit, Xylit, Morbid, Hadid und Ranjid. Die haben alle keine Kalorien, aber vieles kann der Körper nicht verwerten. Es entstehen Flatulenzen und Blähungen. Kurz: Sie furzen nach dem Zeug wie ein Weltmeister. Sie müssen sich dann entscheiden: Entweder Bauch weg oder Partner. Oder beide bleiben im Doppelpack.

Meine Frau ist noch da, Sie können also davon ausgehen, dass sich mein Bauch auch noch wacker im Rennen hält. Obwohl wir immer noch keine Kinder haben, sprechen wir manchmal darüber, wie wir sie erziehen würden. Aus Angst genauso zu werden wie mein Vater, sagte ich zu ihr: »Schatz, du solltest aber dann mit den Kindern hochdeutsch sprechen.«
»Warum?«
»Ja, damit ich meine eigenen Kinder verstehe, ist denn das zu viel verlangt?«
»Ach Quatsch. Du sprichst mit denen hochdeutsch. Denkst du, ich spreche wirklich hochdeutsch mit denen, wenn du auf Tour bist? Außerdem werden sie auch mit den Freunden schweizerdeutsch sprechen! Da kommst du schon rein.«
Ich wurde still. Ich merkte, was hier gerade passiert. Ich wiederhole das Karma meines Vaters! Ich werde meine eigenen Kinder nicht verstehen! Die werden irgendwann mal vor mir stehen und sagen:
»Öppisdetedureabecholupfeluegeloserüebli!«
Wissen Sie, was ich dann zu der Rasselbande sagen werde?
»HAYVAN!«

185

Was meine Frau dazu sagt

Wie ungewohnt, ich kann mich zu Kaya äußern. Das habe ich in all den Jahren nicht einmal in der Öffentlichkeit gemacht. Ich glaube sogar, es hat sich überhaupt in Kayas privatem Umfeld noch nie jemand zum Leben mit ihm geäußert. Ich muss zugeben, dass ich bei diesem Buch jedoch nicht widerstehen konnte. Ich sitze versteckt hinter meinem Laptop, keine Fotos, keine Videoaufnahmen und ich behalte das letzte Wort. Ähnlich wie beim Fluchen hinter dem Steuer. Und so gerne ich mich vor der Öffentlichkeit verberge, ein paar Dinge über Kaya zu erzählen macht dann doch Spaß.

Kaya und ich sind jetzt schon eine ganze Weile zusammen und unser Leben hat sich mittlerweile eingependelt. Und ich würde es als überwiegend harmonisch bezeichnen, wenn man ein, zwei oder einige ... okay, eine ganze Menge schräger Eigenheiten von Kaya einfach ignoriert, was ich mittlerweile sehr gut kann. Doch von denen erzähle ich später.

Zu Beginn der Beziehung schienen wir wirklich aus zwei Welten zu kommen. Ich hatte, es mag vielleicht langweilig klingen, einen klassischen Wochenablauf mit einem Bürojob und den Freunden und Familie in unmittelbarer Nähe. Ich war zufrieden, eingebettet in einer Art Komfortzone in meinem Mikrokosmos. Persönlich fand ich Kayas Leben natürlich interessant, wusste zu Beginn aber nicht ganz genau, wie ich mich dort eingliedern sollte oder könnte. Als Angestellte verfügte ich logischerweise nur über eine begrenzte Anzahl Urlaubswochen, und wenn Kaya dann im Sommer seine Tourpause begann, wollte er natürlich sofort die Koffer packen und mit mir die Welt bereisen, so wie er es vor mir alleine gemacht hatte.

»Schatz, lass uns wegfliegen!«

»Du, ich habe erst im Herbst wieder Urlaub!?«

»Waaassss?! Was ist denn das für ein Schuppen, für den du arbeitest! Das grenzt an Sklaverei, geh dort sofort weg!!«

»Also, ich habe in meiner Firma eine Woche mehr Urlaub, als gesetzlich vorgeschrieben ist, und ich kann alle Überstunden aufschreiben ... es ginge also noch schlimmer!«

»In was für einer Welt leben wir nur?«, sagte er dann dramatisch.

Kaya war dieses lustige Gemisch von Deutsch und Türkisch, mit einem Tagesrhythmus, der sich über all die Jahren auf Tour entwickelt hatte, und einer Schlafhygiene, die wirklich zum Mäusemelken ist. So musste ich beispielsweise am Montag klassischerweise um sechs Uhr morgens aufstehen, Kaya kam aber von Sonntag auf Montag erst mitten in der Nacht nach Hause, also dann, wenn ich schon lange schlief. Wenn Kaya aber nach einer Tour in der Nacht nach Hause kommt, ist er immer erstmal ziemlich aufgedreht und kann in der Regel erst gegen vier Uhr einschlafen. Das hat wohl mit dem Stress- und Adrenalinabbau zu tun. Meistens spielt er dann mit den Katzen, was die richtig toll finden, sind ja auch kleine nachtaktive Scheißerchen. Am Anfang der Beziehung war dieser unterschiedliche Tagesrhythmus ein richtiges Problem. Ich musste mir damals einen Weg antrainieren, der mir meinen Job rettete (ich musste ja schließlich aufstehen) und ihn trotzdem nicht aus dem Schlaf riss, denn um sechs Uhr morgens ist Kaya noch nicht mal in der Tiefschlafphase, was bedeutet, dass ihn jedes noch so kleine Geräusche aufwecken kann. Diese Geräuschüberempfindlichkeit in unserem Schlafzimmer treibt mich, ehrlich gesagt, aber ziemlich in den Wahnsinn, weil er tagsüber auf Tour in jedem noch so ungünstigen und lauten Umfeld pennen kann. Er verpennt immer jeden Flug und würde wohl nicht mal einen Absturz bemerken. Und auch als Beifahrer im Auto schläft er mit absoluter Regelmäßigkeit sofort ein. Ganz egal, ob wir an einer Baustelle mit Schlaghammer-Arbeiten vorbeifahren, er pennt fest. Ich glaube wirklich daran, dass Kaya tagsüber sogar neben einer Flugzeug-Landebahn ein Powernap machen könnte. Aber wehe um sechs Uhr morgens pupst eine Katze, dann schreckt er auf.

Für mich war das jeden Montag eine absolute Zerreißprobe, also arbeitete ich eine Methode aus, die fast perfekt ist. Ich stelle dabei mein Handy am Tag zuvor auf Flugmodus und den Wecker auf lautlos, aber mit Vibrationsfunktion.

Dann lege ich mein Handy direkt neben meinen Kopf (ich hoffe dabei jedes Mal, dass es nie einen Strahlung-Flugmodus-Skandal geben wird). Wenn der Wecker dann morgens losgeht, vibriert das Ding direkt neben meinem Kopf. Ich wache auf, Kaya kann aber weiterschlafen, da kein Klingelton ertönt. Eigentlich der perfekte Plan, um sich dann leise aus dem Schlafzimmer zu schleichen. Nur gibt es, wie so oft im Leben, einen Faktor, den ich nicht kontrollieren kann. Und das sind meine Fußgelenke. Ja, die geben jeden morgen einen »Knacks« von sich, und Sie werden es kaum glauben, aber dieser Knacks weckt Kaya regelmäßig auf, OBWOHL der Mann sicherheitshalber immer mit Ohropax schläft!

Liebe Frauen, einen gut gemeinten Rat, wenn Sie sich einen Mann angeln, der einige Zeit allein gelebt hat, geben Sie ihm etwas Zeit. Der Typ wird zu Beginn einfach etwas eigen sein, es pendelt sich dann aber ein. Denn so dramatisch der Knacks meiner Fußgelenke am Anfang auch war und Kaya damals verzweifelt sagte:

»Was war das? Nein, o Gott, jetzt kann ich nicht mehr einschlafen. Und ich habe nur zwei Stunden geschlafen! Jetzt bin ich wach! Oh nein, ich bin wach!«

Mittlerweile hat er gelernt, trotz des kleinen Schrecks bei dem Geräusch meiner eigentlich noch gar nicht so alten Gelenke, sich einmal zu drehen und einfach weiterzuschlafen. Doch es hat sicher mindestens ein Jahr Training von ihm abverlangt. Dennoch, beim lautlosen und vibrierenden Wecker sind wir geblieben.

Ich habe Kaya übrigens mal gefragt:

»Schatz, was würdest du mitnehmen, wenn du auf eine einsame Insel gehen müsstest, es wäre aber nur ein Gegenstand erlaubt?«

»Gehen auch zwei? Meine Ohrstöpsel!«

»Dein Ernst?«

»Hey, die sind mir heilig! Ohne den Druck in den Ohren kann ich gar nicht mehr schlafen und die Tiere auf der Insel werden bestimmt auch Lärm machen!«

Liebe Fans, sollten Sie ihm eine Freude machen wollen: Schenkt ihm Ohrstöpsel aus Wachs. Kein Schaumstoff oder anderes Material, nein die Klassischen sind die Besten. Baumwollwatte, getränkt mit einer Mischung aus Vaseline und verschiedenen Paraffinwachsen. Habe etliche Vorträge darüber (von Kaya) gehört. Die haben eine Art Heiligkeitsstatus bei ihm erreicht.

Ich liebe Kaya und zwar in seiner ganzen Art und Weise. Denn egal wie kompliziert ein Tag, eine Reise oder ein Wohnungsumzug mit ihm auch werden kann, er ist und bleibt ein sehr liebevoller Mann, der mit mir ans Ende der Welt gehen würde, aber auch an Ort und Stelle bleibt, solange ich mich nicht bewegen möchte. Und es stimmt schon, ich bin sehr verwurzelt mit der Schweiz und vielleicht hat ihn das etwas entschleunigt, aber es gab ihm sicher auch viel Gemütlichkeit im Leben zurück.

Wie man in diesem Buch vielleicht herauslesen konnte, war die bisherige Lebensgeschichte von Kaya eine ganz besondere Reise, was ihn natürlich geprägt hat. Sein Vater ging mit einer Strenge auf ihn los, für die ich ihn heute gerne zur Rede stellen würde. Doch neben dieser Strenge war da auch diese doch eher überraschende Offenheit gegenüber anderen Kulturen und allen Weltreligionen, was wiederum meinen eigenen Ansichten entspricht. Die Angelegenheit ist tatsächlich nicht so einfach, wie man sie vielleicht gerne hätte. Ich kann daher nicht alles, was sein Vater gemacht hat, einfach verteufeln, dennoch hätte ich ihn wirklich gerne kennengelernt, um ein paar Dinge zu hinterfragen. Kaya hatte neben einem strengen Vater aber zum Glück auch eine sehr liebevolle Mutter, die sicherlich einen großen Einfluss auf ihn hatte und die liebe und sensible Seite in Kaya, so gut sie eben konnte, beschützt und gepflegt hat.

Heute besteht unser Haushalt also aus einem Deutsch-Türken, aus mir, der Schweizerin, aus einem Engländer als Kater und einer Amerikanerin als verfressener Katze. Unsere Kinder würden Schweizer Deutsch-Türken werden und sehr wahrscheinlich Schwyzerdütsch sprechen. Kaya sinniert oft über die neue Ethnie, die wir hervorbringen würden:

»Aus Schweizern und Türken werden dann: Schwürken! Aber sie haben ja auch einen deutschen Einschlag. SchweutschTürken, TürkenSchweutscher ...«

»Ist ja gut, Kaya.«

»TürkDeizer!«

Wir harmonieren, aber kommen doch aus unterschiedlichen Welten. Während ich nicht wirklich weiß, was für eine Rolle die Nationalitäten der Vierbeiner im Haushalt spielen, merke ich schon, dass meine Herkunft und auch die von Kaya einen Platz im Alltag finden, wobei Kaya wirklich eher eine Mischung ist. Die Sprache, die Art und Weise, sich zu beschweren, die Lautstärke beim Lachen und wie mein Schwyzerdütsch so lange »als ganz niedlich« von ihm abgestempelt wurde, war wohl eher eine klassische Deutsch-Schweiz-Situation. Aber seine Dramatik in gewissen Situationen würde ich dann wohl eher der türkischen Ader zuschreiben. Was ich aber sagen muss, Kaya schreit daheim nie. Er kann gewisse Situation dramatisieren, aber hat in all den Jahren noch nie die Stimme gegen mich erhoben.

In meiner Familie wurde nie geschrien und so passiert das auch mir eher selten, ich habe aber gemerkt, dass man bei Kaya sowieso nichts erreicht, wenn man die Lautstärke erhöht. Im Gegenteil, er macht dann komplett zu. »Mein Vater hat immer geschrien und ich habe da einen Abwehrmechanismus. Wenn mich jemand anschreit, dann höre ich gar nichts mehr«, erklärte er mir einmal.

Was die Arbeitsmoral angeht, so würde ich Kaya als unfreiwillig eingedeutscht bezeichnen. Er arbeitet nämlich von Januar bis Juni und von September bis Dezember wie ein armer Ochse auf dem Feld. Der Kalender ist dann vollgepumpt bis zum Anschlag, es gibt kaum freie Tage und ich frage mich manchmal, wieso er sich das in dieser Intensität antut. Doch die meisten Deutschen arbeiten unglaublich viel und das fast ihr ganzes Leben lang. Kaya ist da nicht anders, nur gibt es einen feinen türkischen Unterschied.

Er kann sich unglaublich theatralisch und laut über sein wahnsinnig stressiges Leben bei allen möglichen Leuten beschweren. Ich glaube sogar, dass, wenn er sich beschwert, er gar nicht merkt, wer alles in Hörweite ist. Es geht eher darum, den ganzen Stress rauszulassen. Für mich ist die schlimmste Phase immer, wenn er zu Hause den Koffer für eine »Tour-Rutsche« (so nennen wir es, wenn er ein paar Auftritte am Stück vor sich hat) packen muss.

Allein schon, wenn Kaya dann sagt: »Ich muss jetzt packen!«, nehme ich in der Regel schon die Yogamatte in die Hand und flüchte aus dem Haus ins Studio. Am Anfang der Beziehung wollte ich ihm noch helfen und beistehen, aber vergessen Sie das. Man muss ihn einfach lassen. Ich meine, der Typ packt eigentlich seit über fünfzehn Jahren seinen Koffer für die Tour, aber es scheint trotzdem jedes Mal ein Ding der Unmöglichkeit zu sein:

»Schatz, hast du mein Ladekabel gesehen? Schaaaatz, ich finde nur deins ... Maaaaaann, wieso versteckt sich jetzt dieses Idioten-Kabel vor mir? Wahrscheinlich versteckt sich das Kabel zusammen mit meinem Deppen-Schal, den ich auch nicht finde. Schaaaaatz, hast du meinen Schal gesehen?! Ich werde mich erkälten, ich werde mich erkälten ohne Schal. Schatz?!! Wie kann ich arbeiten, wenn ich erkältet bin? Schaaaatz? Ich kann mir das bei meinem Arbeitspensum nicht leisten!«

Er merkt in der Regel erst so nach einer halben Stunde, dass ich schon lange weg bin und sich sogar die Katzen in den Garten zurückgezogen haben. Und auch wenn er das Haus dann total gestresst endlich verlassen hat und mit seinem Köfferchen abgedampft ist, spätestens eine Stunde später bekomme ich eine Nachricht mit:

»Verdammt! Ich habe meine Linsen vergessen!!!!!«

Ich habe gelernt, Kaya einfach zu lassen. Noch besser: Man kann Kaya in den Situationen auch auslachen, doch er wird nicht böse, im Gegenteil: Er lacht irgendwann dann sogar mit. Das mag er überhaupt am liebsten: Wenn man sich über ihn lustig macht, er lacht wahnsinnig gerne über sich selbst. Und wenn er anfängt, irgendwelche Gegenstände zu beleidigen, die sich angeblich gerade vor ihm verstecken oder sich nicht nach seinen Wünschen benehmen, ist es tatsächlich ziemlich lustig.

Beispielsweise wirft er verknoteten Kabeln, wie die von Handy-Kopfhörern, immer laut vor, dass sie sich unanständig benehmen und sicher ständig heimlich bumsen würden. Wie sonst könnten immer wieder diese Knoten bei ihnen entstehen? Er ist dabei aber tatsächlich wütend auf die Kopfhörer und schaut böse auf die verknoteten Dinger in seiner Hand. Ich kann dann nicht anders als einfach zu lachen.

Weil er so vieles mit einer südländischen Dramatik angeht, nehme ich ihn nicht mehr ganz so ernst, wie ich es in gewissen Situationen vielleicht sollte. Ich würde ihn nicht unbedingt als Hypochonder bezeichnen, doch er ist schon dieser Typ Mensch, der ein Stechen im Kopf googelt und am nächsten Tag heulend beim Arzt steht, weil er denkt, er müsse in den nächsten sieben Tagen an einem Hirntumor sterben.

2013 hatten wir ein für uns sehr sportliches Jahr. Wir fingen nämlich beide an, regelmäßig zu joggen und auf unsere Ernährung zu achten. Für mich war Joggen nichts Neues, doch ich wollte wieder intensiver einen Trainingsplan verfolgen und nicht nur ab und zu gequält durch den Park laufen, um mein schlechtes Gewissen zu bekämpfen. Kaya schloss sich mir an und lief tapfer mit mir nach Trainingsplan mit. In der Regel lässt er sich immer von vielen meiner Ideen oder Phasen anstecken, was ich total liebe. So machen wir nämlich das Beste aus unserer gemeinsamen Zeit, die uns neben der Tour bleibt.

Doch irgendwann fing er an, über seine Hüfte zu meckern, und lag dann einmal am Abend nach dem Joggen gequält auf dem Sofa und schaute mich mit einem Hundeblick an.

»Ich habe die Symptome bei Google eingegeben. Schatz, ich glaube, ich habe einen Leistenbruch. Warum nur immer ich?«, fragte er bestürzt und schnappte sich Poncho, der gerade an der Couch vorbeilaufen wollte, um ihn zum Trost knallhart als Schmusepartner zu benutzen. Der hielt natürlich nichts von dieser ruckartigen Bewegung und löste sich sofort aus Kayas Händen.

»Poncho, du bist echt ein Sack. Dein Papa ist krank und es interessiert dich überhaupt nicht!«

Ich muss gestehen, dass ich, ähnlich wie Poncho, nicht so wirklich glaubte, dass da was falsch sein könnte mit seiner Hüfte oder Leiste. Da es ihm aber immer etwas besser geht, wenn ich seinen Wehwehchen kurz Aufmerksamkeit schenke, gab ich ihm eine Wärmeflasche für die Hüfte und einen Tee. Doch eine Woche später ließ er nicht mehr locker und machte einen Termin in einer Sportklinik für eine sogenannte CT-Untersuchung. Vereinbart wurde, dass sein Beckenbereich gescannt wird. Doch er hatte während der Untersuchung, schon in der CT-Röhre liegend, tatsächlich die Nerven zu sagen:»Scannen Sie doch bitte den Rücken gleich mit, wenn ich schon hier liege! Ich spüre da so ein leichtes Ziehen, könnte die Bandscheibe sein, habe mich auf Google informiert!«

Ich ging nach der Untersuchung mit ihm zur Besprechung beim Arzt. Die letzten Meter vor dem Besprechungszimmer wurde ich dann aber doch irgendwie nervös. Was, wenn da doch mehr ist und ich Kaya die ganzen Wochen einfach aus Prinzip nicht ernst genommen habe? Das würde mich als echt schlechte Partnerin outen ...

Als sich der Arzt schließlich mit dem Befund in der Hand vor uns hinsetzte und sagte er:»Es sieht alles gut aus, Herr Yanar. Ich denke nur, dass das Joggen in ihrem Alter und bei ihrem Gewicht eine zu große Belastung darstellt. Versuchen Sie es doch mal mit Power Walking!«

Kaya guckte für einen Moment blöd aus der Wäsche und sagte dann bestürzt:

»Power-Walking?! Soll ich mich auch gleich dem Strickkurs der Senioren anschließen?«

Der Arzt verkniff sich ein Lachen und meinte:

»Ich sage nur, Joggen scheint mir bei ihrem Knochenbau, Alter und Gewicht nicht die optimale Lösung zu sein. Sonst gehen Sie halt schwimmen.«

»Und was ist mit dem Rücken? Ich bin mir ziemlich sicher, dass ich was mit der Bandscheibe habe.«

»Wo tut es denn genau weh, Herr Yanar?«, fragte der Arzt geduldig.

Kaya hob sein Shirt hoch und zeigte auf eine Stelle an seinem Rücken.

»Herr Yanar, an dieser Stelle befindet sich keine Bandscheibe.«

Ich bedankte mich beim Arzt für das gute Gespräch, nahm Kaya an der Hand, zog ihn aus dem Zimmer und flüsterte zu ihm:

»Das nächste Mal informierst du dich auf Google auch, wo diese unsichtbare Bandscheibe überhaupt ist!«

Den wirklich türkischen Einschlag bringt meine Schwiegermutter in die Beziehung. Und auch wenn Kaya gerne über ihre Versprecher lacht, ich hatte in meiner Beziehung vor Kaya eine vermeintliche Schwiegermutter in spe, mit der ich auch nach sechs Jahren kaum eine Unterhaltung in Deutsch führen konnte. Irgendwie war für sie die Integration einfach eine zu große Hürde gewesen und die Sprache unbezwingbar. Dass ich mit Kayas Mama nun über Gott und die Welt plaudern kann, freut mich natürlich so sehr, dass mich die lustigen Versprecher überhaupt nicht stören. Und: Die Frau hat Humor und Ausstrahlung. Als ich sie das erste Mal traf, wusste ich genau, von wem Kaya den Humor geerbt hat. Das einzige wahre Problem an ihr, aus meiner Schweizer Sicht, ist ihr totaler Kochfimmel. Egal, wo sie grade ist, wenn sie eine Küche sieht, fängt sie an zu kochen. Sie würde sogar bei Ikea in der Ausstellungsküche anfangen, Zwiebeln zu hacken.

Wenn sie also bei uns zu Besuch ist, wird meine Küche von ihr beschlagnahmt und ich sozusagen enteignet. Für mich ist das nicht dramatisch, aber was mich echt nervt, ist, dass sie ihren Söhnen keinen einzigen Küchentrick beigebracht hat. Nix! Nada! Niente! Zero!

Ich konnte zu Beginn unserer Beziehung auch nicht wirklich kochen, weil mein Exfreund immer in der Küche stand. Aber mit Kaya musste ich es einfach lernen, weil der Typ kann wirklich nichts. Bei den Spiegeleiern liegen immer noch Schalen in der Pfanne und die Pasta schmeißt er schon auch mal ins kalte Wasser und bringt es dann irgendwann viel später zum Kochen und zwar so lange, bis sich die Nudeln auflösen. Seine Mutter war immer die Herrin der Küche und gab ihren Jungs zu verstehen, dass sie darin nichts zu suchen hatten. Sie bekochte ihre Kinder mit Leidenschaft. Ich hingegen will gut essen, kann und will nicht immer in Restaurants gehen, spiele aber auch nicht jeden Tag die Köchin. So hat Kaya in unserer gemeinsamen Zeit drei Gerichte gelernt, die ihn über Wasser halten, wenn ich nicht koche.

1. Tiefgefrorenens Gemüse: Macht er auf, legt es mit etwas Öl auf ein Backblech und schiebt dieses dann in den Ofen.

2. Porridge: Er kocht den Hafer mit Früchten. Ruiniert dabei zwar regelmäßig die Pfannen, weil er ihn unten anbrennen lässt. Kratzt dann aber die obere Schicht einfach heraus und ist dann diese.

3. Avocado-Brot mit Frischkäse: Das beherrscht er wirklich sehr gut.

Mit dem Avocado-Brot hat er auch am Anfang unserer Beziehung mächtig Eindruck gemacht! Es war die erste Nacht, die ich bei ihm verbrachte, und er war wirklich am nächsten Morgen sehr bemüht um mich. Er zauberte dieses leckere Brot, und ich dachte, da käme noch mehr – nun ja, es blieb aber auf diesem Niveau. Seine Ausreden zum Thema Kochen sind unendlich:

»Kaya, magst du nicht mal kochen lernen?«

»Ich habe es schon mehrmals probiert, aber das wird nichts. Ich hasse die Küche und die Küche hasst mich!«

»Wieso?«

»Keine Ahnung, ich tue mir in der Küche immer weh! Schneide mich, hau' mir den Kopf an, verbrenne mir die Finger. Ich habe erst neulich ein extrem scharfes neues Messerset gekauft. Und ich habe das Gefühl, die Messer warten nur darauf, mich zu attackieren!«

»Hast du sonst noch eine Ausrede?«

»Ja klar, mehrere. Ich will auch nicht wissen, wie Speisen entstehen. Die ganze Magie geht flöten. Ich liebe die

Geschmacksexplosion im Mund, für mich ist das Zauberei. Wenn du mir aber erklärst, wie das funktioniert, und die ganze Mahlzeit einteilst in Milliliter, Hälften und Würfel, dann verliere ich den Spaß dran!«

»Originell … diese Ausrede habe ich noch nie gehört.«

»Willst du noch eine?«

Wandern ist tatsächlich nicht unbedingt mein Ding. Als Kind machte ich mit der Familie teilweise sehr lange und anspruchsvolle Wanderungen, so habe ich das zumindest in Erinnerung. Die Füße taten irgendwann beim Abstieg weh, die Knie fingen an zu zittern und ich wollte nach spätestens drei Stunden eigentlich nur noch vom Berg runter. Weil mir einfach langweilig wurde. Natürlich sind die Berge wunderschön, doch als Kind war ich an den Anblick gewöhnt und der Winter mit den Super-Skipisten war mir definitiv lieber als die zähen Wanderungen im Frühling, Sommer und Herbst. Als ich älter wurde und anfing, über meine Pläne am Wochenende selber zu bestimmen, ließ ich es mit dem Wandern dann auch gut sein.

Zu Beginn der Beziehung mit Kaya war ich geschockt, dass er tatsächlich am liebsten jedes Wochenende wandern gehen würde. Ich zeigte mich in meinen Ausreden ziemlich kreativ, weshalb ich nicht wandern gehen konnte. Doch irgendwann fielen mir dann keine glaubwürdigen mehr ein, weshalb ich dann doch einwilligte mitzukommen. Ich suchte also im Keller nach den alten Wanderschuhen, entfernte die dicke Schicht Staub darüber und legte Klamotten und einen Rucksack mit etwas Proviant für den nächsten Morgen bereit. Kaya meinte, er habe alles für den nächsten Tag geplant, und ich fragte nicht groß nach.

Ich staunte nicht schlecht, als Kaya erst um 9.30 Uhr aus dem Schlafzimmer kam und mich anlächelte. Eigentlich dachte ich, er würde mich um sechs Uhr aus meinen Träumen reißen, um die erste Bahn irgendwo den Berg hoch zu nehmen. Nachdem sich Kaya nochmals eine gefühlte Ewigkeit Gedanken darüber machte, was er wohl an Proviant mitnehmen sollte, wo die saubere Wäsche liegt und ob er für die Wanderung Sonnenschutzfaktor 30 oder doch sicherheitshalber 50 braucht, war es schon Mittag, als wir die Wohnung endlich verließen.

Davon leicht amüsiert, ließ ich mich von ihm nach Weggis fahren, wo wir die Luftseilbahn auf die berühmte Rigi (Berg in der Innerschweiz, auch gerne »Königin der Berge« genannt) nahmen. Als Kaya oben die Luftseilbahn verließ und wie ein kleines niedliches Reh rumhopste und zu mir sagte: »Ist das nicht ein herrliches Panorama? Schau dir das doch an! Wunderschön!«, ging mir das Herz auf. Ich war natürlich schon auf der Rigi gewesen, aber ihn mit dieser Leidenschaft und Freude zu sehen, war eine ganz neue Erfahrung. Ich realisierte, dass ich diese Aussicht schon als selbstverständlich hingenommen hatte. Schließlich ließ ich mich einfach von seiner Euphorie anstecken und schaute mir das Panorama ganz lange in seinen Armen an und wir diskutierten angeregt über jede zu erkennende Bergspitze.

Schließlich liefen wir los, drei Stunden auf einem gemütlichen und nicht sonderlich steilen Weg – Gott sei Dank – und hatten einen wunderschönen Nachmittag. Ich musste heimlich schmunzeln, denn diese für Kayas Verhältnisse große Wanderung war für mich ein Spaziergang. Und anstelle der Wanderschuhe hätten auch meine sportlichen Turnschuhe gereicht. Doch ich sagte nichts und genoss die Zeit. So ausgeschlafen gefiel mir die Wanderung natürlich auch und ich ließ mich alle paar Wochen wieder auf eine neue ein, bei der wir stets frühestens um 11 Uhr starteten. Also, die türkische Art zu wandern gefällt mir gut!

Trotz all der vermeintlichen Unterschiede, es funktioniert zwischen uns. Und wenn ich einen Hauptgrund nennen darf, dann ist es mit Sicherheit der Humor. Denn wie Victor Borge einmal sagte:

»Ein Lächeln ist die kürzeste Entfernung zwischen zwei Menschen.«